Marcus Hoffmann

Crashkurs Marketingleiter

Marcus Hoffmann

Crashkurs Marketingleiter

Know-how und Update
für die ersten 100 Tage

Bibliografische Information Der Deutschen Bibliothek
Die Deutsche Bibliothek verzeichnet diese Publikation in der Deutschen
Nationalbibliografie; detaillierte bibliografische Daten sind im Internet über
<http://dnb.ddb.de> abrufbar.

Dieser Ausgabe liegt ein Post-it® Beileger der Firma
3M Deutschland GmbH bei.
Wir bitten unsere Leserinnen und Leser um Beachtung.

1. Auflage Juni 2006

Alle Rechte vorbehalten
© Betriebswirtschaftlicher Verlag Dr. Th. Gabler | GWV Fachverlage GmbH,
Wiesbaden 2006

Lektorat: Manuela Eckstein

Der Gabler Verlag ist ein Unternehmen von Springer Science+Business Media.
www.gabler.de

Das Werk einschließlich aller seiner Teile ist urheberrechtlich geschützt. Jede Verwertung außerhalb der engen Grenzen des Urheberrechtsgesetzes ist ohne Zustimmung des Verlags unzulässig und strafbar. Das gilt insbesondere für Vervielfältigungen, Übersetzungen, Mikroverfilmungen und die Einspeicherung und Verarbeitung in elektronischen Systemen.

Die Wiedergabe von Gebrauchsnamen, Handelsnamen, Warenbezeichnungen usw. in diesem Werk berechtigt auch ohne besondere Kennzeichnung nicht zu der Annahme, dass solche Namen im Sinne der Warenzeichen- und Markenschutz-Gesetzgebung als frei zu betrachten wären und daher von jedermann benutzt werden dürften.

Umschlaggestaltung: Nina Faber de.sign, Wiesbaden
Satz: ITS Text und Satz Anne Fuchs, Pfofeld-Langlau
Druck und buchbinderische Verarbeitung: Wilhelm & Adam, Heusenstamm
Gedruckt auf säurefreiem und chlorfrei gebleichtem Papier
Printed in Germany

ISBN-10 3-8349-0011-7
ISBN-13 978-3-8349-0011-1

Vorwort

Nachdem ich 1998 erstmalig eine Position als Marketingleiter angenommen hatte, suchte ich ein Buch über den Beruf des Marketingleiters, mit dem ich mich auf diese Aufgabe vorbereiten konnte. Ich musste feststellen, dass es trotz der reichhaltigen Fachliteratur zu Marketingthemen ein solches Buch nicht gab.

Seitdem sind acht Jahre vergangen, in denen – meines Wissens – ein solches Buch noch immer nicht erschienen ist. Anlass genug, mit der vorliegenden Publikation Abhilfe zu schaffen.

Dieses Buch zielt darauf, Sie beim Einstieg in die neue Führungsposition kompetent zu unterstützen. Es dient im besten Fall zudem als Nachschlagewerk, welches Ihnen bei Bedarf Anregungen und Tipps für den beruflichen Alltag geben kann.

Der Schwerpunkt dieses Buches liegt dabei nicht auf fachlichen Detailthemen, zu denen es bereits eine Vielzahl guter Bücher gibt (siehe hierzu auch das Literaturverzeichnis im Anhang). Vielmehr steht die Frage im Mittelpunkt, wie Sie die ersten 100 Tage im neuen Beruf erfolgreich gestalten. Sie erfahren beispielsweise, wie eine Marketingabteilung zu führen ist und welche Aufgaben in den ersten 100 Tagen im neuen Job auf Sie zukommen.

Dank gilt meinen ehemaligen und heutigen Kollegen und Mitarbeitern für die gute Zusammenarbeit und die bisher erreichten gemeinsamen Erfolge.

Mein besonderer Dank gilt Melanie Schulz für die Aufmunterung und Unterstützung während des Schreibens an diesem Buch.

Sehr würde ich mich über eine Rückmeldung Ihrerseits bezüglich der Umsetzbarkeit und des Nutzwertes dieses Buches freuen. Senden Sie Anregungen und Kommentare bitte direkt an *crashkurs@drhoffmann.net*.

Lahnau, im Mai 2006 *Marcus Hoffmann*

Inhalt

1. **Wie Sie Marketingleiter werden** 9
   1.1 Ihre Erwartungen an die Position 9
   1.2 Die Vergütung 10
   1.3 Die Anforderungen der Unternehmen 13
       Die persönliche Eignung 13
       Die fachliche Qualifikation 17
   1.4 Stellensuche und Bewerbungsverfahren 20
       Die Stellensuche 20
       Die schriftliche Bewerbung 23
       Das Vorstellungsgespräch 24

2. **Die ersten 100 Tage erfolgreich gestalten** 33
   2.1 Erfolgsfaktoren im Führungswechsel 33
   2.2 Erwartungen erkennen und Konflikte meistern 35
       Was Ihre Vorgesetzten erwarten 35
       Was Ihre Leiterkollegen erwarten 38
       Was Ihre Mitarbeiter erwarten 42
   2.3 Schlüsselbeziehungen entwickeln 45
   2.4 Bestandsaufnahme und Situationsanalyse 48
   2.5 Arbeitsprozesse und Organisation
       der Marketingabteilung 52
   2.6 Symbole und Rituale für einen erfolgreichen Start .. 56

3. **Die Führung der Marketingabteilung** 59
   3.1 Erfolgsfaktoren der Teamführung 59
       Zielorientierung 60
       Aufgabenerfüllung 61
       Teamgeist 61
       Verantwortungsübernahme 63

3.2 Führungsmethoden des Marketingleiters	65
Führungsmethode Motivation	65
Führungsmethode Einsicht und Pflicht	68
Führungsmethode Herrschaft	69
3.3 Die Vorbildfunktion der Führungskraft	71
3.4 Führungsverhalten gegenüber unterschiedlichen Mitarbeitertypen	73
So führen Sie den Analytiker	73
So führen Sie den Expressiven	73
So führen Sie den Beständigen	74
So führen Sie den Macher	74
3.5 Mitarbeiter einschätzen und beurteilen	75
3.6 Delegation als Führungsinstrument	78
3.7 Mitarbeitergespräche als Führungsinstrument	80
3.8 Veränderungsprozesse in der Marketingabteilung gestalten.	87
3.9 Spitzenleistung durch gute Teamarbeit	89
4. Ausgewählte Schwerpunktthemen der ersten 100 Tage	**91**
4.1 Das integrierte Kommunikationskonzept	92
4.2 Markenmanagement	97
4.3 Dienstleisterauswahl und -steuerung	100
4.4 Public Relations	103
5. Der Beitrag des Marketings zum Geschäftserfolg	**113**
Nützliche Marketing-Links im Internet	**115**
Literaturverzeichnis	**117**
Der Autor	**120**

1. Wie Sie Marketingleiter werden

1.1 Ihre Erwartungen an die Position

Sie werden Ihr Glück nicht finden, wenn Sie nicht wissen, was Ihnen gut tut. Viele Menschen versuchen beständig, die an sie gestellten Erwartungen unreflektiert zu erfüllen. Im Gegensatz dazu sollten Sie sich zunächst über Ihre eigenen Wünsche und Ziele klar werden. Schreiben Sie diese auf.

Checkliste: Eigene Ziele

Meine privaten Wünsche und Ziele:

Wünsche: _____

Ziele: _____

Meine beruflichen Wünsche und Ziele:

Wünsche: _____

Ziele: _____

Was ich mir konkret von einer Position als Marketingleiter erwarte:

Erwartungen: _____

_____

Prüfen Sie bei Bewerbungen und in Ihrer täglichen Arbeit regelmäßig, ob sich Ihre persönlichen Erwartungen damit in Einklang bringen lassen oder nicht. Nehmen Sie keinen Job an, der Sie enttäuschen wird. Wechseln Sie den Job, wenn Ihre Erwartungen nicht mehr erfüllt werden. Wenn die Umstände Sie zu Kompromissen zwingen, beißen Sie die Zähne zusammen und suchen Sie weiter. Kämpfen Sie für Ihre Ziele!

1.2 Die Vergütung

Die Vergütung ist einer unter mehreren wesentlichen Punkten bei der Entscheidung für ein bestimmtes Stellenangebot. Wie bei anderen Führungspositionen auch, beeinflussen die folgenden Faktoren Ihre Vergütung als Marketingleiter:

- Ihre Qualifikation und Berufserfahrung,
- die Größe des Unternehmens, gemessen an Umsatz und Mitarbeiterzahl,
- die Branchenzugehörigkeit,
- das bestehende innerbetriebliche Lohngefüge,
- die Verantwortung für unterstellte Mitarbeiter und Budgets,
- der Standort (liegt der Standort des Unternehmens in einem Ballungsraum, werden bis zu 20 Prozent höhere Gehälter als im Bundesdurchschnitt bezahlt) sowie
- die Dauer Ihrer Betriebszugehörigkeit.

Der Einfluss des erhöhten Angebots an qualifizierten Führungskräften in Zeiten wirtschaftlicher Stagnation auf die Gehälter wird von Bewerbern regelmäßig überschätzt. Zwar bleibt ein Überangebot auf dem Arbeitsmarkt nicht ohne Folge auch für die Gehälter der Marketingprofis. Dies bekommen in der wirtschaftlichen Flaute die Bewerber um die wenigen Stellenneuausschreibungen im Vorstellungsgespräch mehr oder weniger deutlich zu spüren. Doch selbst in einer wirtschaftlichen Flaute auf dem Arbeitsmarkt gibt die durchschnittliche Vergütung der neu eingestellten Marketingleiter in der Regel insgesamt nur leicht nach. Grund hierfür ist der Umstand, dass viele Unternehmen Neueinsteiger als Leistungsträger langfristig an sich binden möchten. Die Abwanderung der gewonnenen und eingearbeiteten Führungskräfte im nächsten Aufschwung soll vermieden werden. In vielen Großunternehmen sind zudem die Gehaltsspannen der Führungskräfte derselben Hierarchiestufe aufeinander abgestimmt.

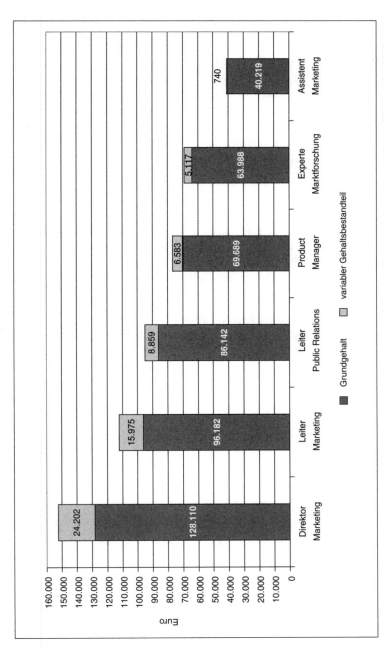

Durchschnittliche Jahresbezüge 2004 im Marketing (in Euro)

Für Ihre Gehaltsverhandlung können Studien zu den durchschnittlichen Jahresbezügen für Marketingpositionen brauchbare Anhaltspunkte liefern. Entsprechende Gehaltsberichte werden regelmäßig von Personal- bzw. Unternehmensberatern erstellt und in Fachmedien sowie in überregionalen Zeitschriften veröffentlicht. Als Beispiel sei an dieser Stelle der Gehaltsbericht 2004 von Watson Wyatt, Düsseldorf, angeführt. Dessen Daten wurden auf der Basis von 266 deutschen Unternehmen verschiedener Branchen und Größen erhoben.

Die Top zehn Prozent der Führungskräfte im Marketing verdienen der Studie zufolge im Durchschnitt jährlich über 150 000 Euro. Die am schlechtesten entlohnten zehn Prozent der Führungskräfte im Marketing verdienen im Durchschnitt jährlich weniger als 76 000 Euro. Im Vergleich zu Führungspositionen im Vertrieb ist der prozentuale Anteil der variablen Vergütung mit 16 Prozent im Durchschnitt deutlich niedriger.

Regelmäßig veröffentlicht auch die FAZ in der Samstagsausgabe im Bereich „Beruf und Chance" unter „Vergütung aktuell" Gehaltsübersichten dieser Art für Fach- und Führungspositionen.

1.3 Die Anforderungen der Unternehmen

Die Anforderungen an den Marketingleiter bestehen aus fachlichem Know-how und der persönlichen Eignung des Bewerbers. Während die Anforderungen an die fachliche Qualifikation einem kontinuierlichen Wandel unterworfen sind, entsprechen die Anforderungen an die persönliche Eignung denen an andere Führungskräfte im mittleren Management. Die Anforderungen an die persönliche Eignung sind von Unternehmen zu Unternehmen relativ homogen und ändern sich über die Jahre hinweg wesentlich langsamer als die fachlichen Anforderungen.

Die persönliche Eignung

Damit Sie beurteilen können, ob Sie für die Position des Marketingleiters geeignet sind, beantworten Sie bitte die nachfolgenden Fragen schriftlich. Nehmen Sie sich hierfür ausreichend Zeit. Prüfen Sie Ihre Antworten selbstkritisch, bevor Sie diese niederschreiben.

Checkliste:
Persönliche Eignung zum Marketingleiter

	ja	nein
➤ Haben Sie Ihr Privatleben im Griff?	❏	❏
➤ Steht Ihr beruflicher Ehrgeiz im Einklang mit Ihren weiteren Lebenszielen (Familie, Freizeitgestaltung etc.)?	❏	❏
➤ Unterstützt Ihre Familie Ihr berufliches Engagement?	❏	❏
➤ Finden Sie eine innere Erfüllung darin, Strategien zu entwerfen, Maßnahmen umzusetzen und die Zielerreichung zu kontrollieren?	❏	❏
➤ Treiben Sie Ihre Vorhaben hartnäckig auch gegen Widerstände bis zum Erfolg voran?	❏	❏
➤ Schaffen Sie es, Aufgaben zügig zu strukturieren und umzusetzen?	❏	❏
➤ Sind Sie gut organisiert?	❏	❏
➤ Sind Sie bereit, Ideen anderer zu respektieren und anzunehmen?	❏	❏
➤ Arbeiten Sie gerne im Team?	❏	❏
➤ Verstehen Sie es, andere für neue Ziele zu begeistern?	❏	❏
➤ Führen Sie gerne Menschen zu deren eigenen und zu gemeinsamen Erfolgen?	❏	❏
➤ Verstehen Sie es, in Gruppen den Beschluss zu einem gemeinsamen Vorgehen herbeizuführen?	❏	❏
➤ Können Sie aus Menschen ein schlagkräftiges Team formen?	❏	❏
➤ Haben Sie genügend Stehvermögen, sich gegen Widerstände Ihres Chefs, Ihrer Kollegen und Ihrer Mitarbeiter durchzusetzen?	❏	❏

Fortsetzung Checkliste: **Persönliche Eignung zum Marketingleiter**		
	ja	nein
➤ Scheuen Sie sich nicht davor, Menschen konkret auf Fehler hinzuweisen und Ihre Enttäuschung über Schlechtleistungen zu äußern?	❏	❏
➤ Sind Sie fähig, jemandem im persönlichen Gespräch zu kündigen?	❏	❏

Wie Sie bestimmt bereits vermuten, ist Ihre persönliche Eignung für den Job des Marketingleiters umso höher, je mehr der oben gestellten Fragen Sie mit einem „Ja" beantwortet haben. Die persönlichen Anforderungen an den Marketingleiter entsprechen damit weitgehend den Anforderungen an andere Führungskräfte im mittleren Management.

Um sich in den Beruf hundertprozentig einbringen zu können, benötigen Sie ein geregeltes Privatleben, das Ihren Berufswunsch unterstützt und mitträgt. Unabdingbar ist hierfür auch ein guter Gesundheitszustand. Körperliche und mentale Belastbarkeit werden ebenso vorausgesetzt wie erhöhte Reisebereitschaft. Die Arbeitszeit von Marketingleitern beträgt in der Regel zwischen 50 und 60 Stunden wöchentlich.

Als persönliche Eigenschaften wird in Stellenausschreibungen zu Recht oftmals analytisches Denkvermögen und systematisches Handeln explizit benannt. Sie müssen sich zudem selbst zur Leistung motivieren können und über ausreichendes Organisationstalent verfügen. Zum selbstständigen Arbeiten mit einer ausgesprochenen Ergebnisorientierung müssen Sie ebenfalls befähigt sein. Dazu benötigen Sie die Fähigkeit, Zahlen und Arbeitsergebnisse prüfen und in die richtigen Zusammenhänge einordnen zu können. Nicht zuletzt sind Flexibilität und Anpassungsfähigkeit im täglichen Umgang mit Vorgesetzten, Leiterkollegen und Mitarbeitern gefragt.

Ein seriöses Auftreten und ein gepflegtes Äußeres sind für alle Marketing- und Vertriebspositionen ebenfalls unabdingbare Voraussetzung. Neben den allgemeinen Arbeitstugenden wie Fleiß, Pünktlichkeit, Loyalität, persönliche Integrität und Offenheit ist im Marketingbereich stets Kreativität erforderlich. Selbstverständlich werden in vielen Fällen Dienstleister und Mitarbeiter kreative Gestaltungsaufgaben übernehmen. Dennoch benötigen Sie ein Mindestmaß an Kreativität allein schon dazu, um gestalterische Arbeitsergebnisse „mit dem richtigen Händchen" beurteilen und Anregungen zur Verbesserung geben zu können.

Gesucht werden Machertypen mit Eigenantrieb, die Themen schnell auffassen, analysieren und Handlungsmaßnahmen ableiten sowie für deren zügige Umsetzung sorgen. Unternehmerisches Denken ist gerade in dieser Position, in der es um die heutige und zukünftige Vermarktung der Unternehmensleistung geht, ein Muss.

Unverzichtbare Voraussetzung sind zudem Führungsbereitschaft und Führungsqualitäten. Die Aufgabe des Marketingleiters ist es, nicht nur zu planen, umzusetzen und zu kontrollieren, sondern mit Engagement und Durchsetzungsvermögen vor allem auch ein Team zum Erfolg zu führen. Dazu ist zunächst einmal die eigene Teamfähigkeit wichtig. Vor allem aber sind soziale Kompetenz und pädagogische Eignung erforderlich, um mit dem notwendigen diplomatischen Geschick Menschen mit unterschiedlichen Charakteren für gemeinsame Ziele motivieren zu können.

Nur durch das Mitziehen anderer sind Ihre eigenen Ziele als Marketingleiter zu erreichen. Deshalb müssen Sie zudem ein ausgesprochener Kommunikator sein. Dies bedeutet nicht, dass Sie andere „beschwätzen ohne Unterlass". Vielmehr gilt es, durch aktives Zuhören in zielgerichteten Gesprächen beispielsweise die Bedeutung einzelner Aufgaben zu vermitteln, Probleme der Umsetzung zu erkennen und diese zu lösen sowie verbindliche Absprachen zur Umsetzung zwischen den Teammitgliedern herbeizuführen. Hierfür sind differenzierte Ausdrucksfähigkeit und rhetorisches Geschick erforderlich.

Selbstverständlich müssen Sie nicht bereits bei Ihrem ersten Führungsjob im Marketing die oben angesprochenen Eigenschaften in Perfektion leben. Für Führungskräfte gibt es ein breit gefächertes Schulungsangebot auf dem Fortbildungsmarkt, das Sie zur Verbesserung Ihrer Führungsqualitäten nutzen können. Dennoch sollte die Ausübung einer Führungsrolle im wahrsten Sinne des Wortes nicht „gegen Ihre Natur" sein. Sie sollten zumindest die oben genannten Fragen ernst nehmen und als permanente persönliche Herausforderung annehmen. Je mehr der oben genannten Verhaltensweisen Sie verinnerlicht haben und beherrschen, desto eher werden Sie Erfolg bei der Stellensuche und im Beruf selbst haben.

Die fachliche Qualifikation

Als Basisqualifikation ist eine fundierte kaufmännische Ausbildung erforderlich. Aufgrund der hohen Anzahl von Studierenden in den heutigen Jahrgängen verfügen die meisten Bewerber für Führungspositionen stattdessen oder zusätzlich über ein einschlägiges Studium. Ein in annehmbarer Studienzeit abgeschlossenes Hochschulstudium mit Schwerpunkt Marketing (Fachhochschule oder Universität) wird deshalb bereits in den Stellenanzeigen für Marketingleiter meist als Mindestvoraussetzung mit benannt.

Ferner ist eine kontinuierliche Weiterbildung parallel zur Berufsausübung erforderlich. Im Rahmen der für Sie relevanten, neuesten Entwicklungen in spezifischen Teilbereichen des Marketings, wie beispielsweise Online- oder Permission-based Marketing, sollten Sie sich rechtzeitig weiterbilden.

Um eine Führungsposition im Marketing einzunehmen, wird in der Regel zudem die Berufserfahrung aus einer drei- bis fünfjährigen Tätigkeit im Marketing auf Unternehmens- oder Agenturseite gefordert. Eindeutig vorteilhaft ist es, wenn Sie diese Berufserfahrung bereits in der Branche Ihres zukünftigen Arbeitgebers oder einer eng verwandten Branche gesammelt haben.

Das fachliche Tätigkeitsprofil eines Marketingleiters differiert von Unternehmen zu Unternehmen zum Teil erheblich. Während in großen Markenartikelunternehmen die Markenführung eine hohe Bedeutung hat, ist es bei einem mittelständischen Versandhandelsunternehmen eher das Direct Marketing. In großen Verbänden überwiegt zum großen Teil die Öffentlichkeitsarbeit im Konzert der Marketinginstrumente. Im Massengeschäft der Telekommunikationsunternehmen mit Sparvorwahl hat hingegen das Pricing eine zentrale Bedeutung. Ermitteln Sie daher vor einer Bewerbung stets, in welchem Geschäftsfeld das Unternehmen konkret tätig ist und welches die Schwerpunkte des Marketings in diesem Unternehmen sind. Holen Sie hierzu auch Kundenstudien und Informationen über die Vermarktungswege in dieser Branche ein. Oftmals liefern Branchenverbände, Studien der Kommunikationswirtschaft sowie die Websites auch der Wettbewerber brauchbare Informationen.

Sehr gute Kenntnisse der gängigen Bürosoftware MS Office, MS Excel, MS Powerpoint sind eine Basisvoraussetzung für Ihren beruflichen Erfolg. Ebenfalls sind Grundkenntnisse in Bezug auf Datenbanken sowie die Anwendungssoftware der Werbeagenturen in vielen Fällen hilfreich.

Als weiteres K.o.-Kriterium müssen Sie im Allgemeinen zudem über gute Sprachkenntnisse der Sprache des Landes, in dem Sie arbeiten wollen, sowie der Fremdsprache Englisch verfügen.

Ein geübtes Verständnis von in Zahlen ausgedrückten wirtschaftlichen Zusammenhängen (Controllingberichte etc.) sollten Ihre fachlichen Kenntnisse abrunden.

Checkliste: Fachliche Qualifikation

	ja	nein
➤ Verfügen Sie über eine kaufmännische Ausbildung oder haben Sie ein betriebswirtschaftliches Studium absolviert?	❏	❏
➤ Haben Sie regelmäßig Weiterbildung betrieben?	❏	❏
➤ Sind Sie mit den einzelnen Disziplinen des Marketings und den neuesten Trends vertraut?	❏	❏
➤ Verfügen Sie über ausreichende Kenntnisse der gängigen Büro-Software?	❏	❏
➤ Sind Sie vertraut mit der Nutzung von Datenbanken?	❏	❏
➤ Beherrschen Sie eine oder mehrere Fremdsprachen?	❏	❏
➤ Können Sie mit Kennzahlen umgehen?	❏	❏

1.4 Stellensuche und Bewerbungsverfahren

Die Stellensuche

Stellenanzeigen für Marketingleiter werden regelmäßig in ausgewählten Tageszeitungen, Zeitschriften und im Internet veröffentlicht. Im Bereich der Tageszeitungen sollte insbesondere der Stellenmarkt in der Samstagsausgabe der FAZ zu Ihrer Pflichtlektüre gehören. Andere überregionale Zeitungen verfügen zwar auch über einen – wenn auch sehr viel kleineren – Stellenmarkt. Doch werden Sie feststellen können, dass Stellenanzeigen, die in anderen Zeitungen erscheinen, oftmals parallel in der FAZ geschaltet werden. Eine Ausnahme bildet die Süddeutsche Zeitung, die schwerpunktmäßig in den südlichen Bundesländern gelesen wird. Suchen Sie also einen Job in Süddeutschland, sollten Sie ergänzend zur FAZ den Stellenmarkt der Süddeutschen Zeitung lesen.

Im deutschsprachigen Raum erscheint zudem eine Vielzahl von Branchenzeitschriften. Diese werden für die Suche von Führungskräften insbesondere dann genutzt, wenn spezifische Branchenkenntnisse eine unabdingbare Voraussetzung darstellen. Prüfen Sie die relevanten Branchenzeitschriften, ob darin regelmäßig Führungskräfte für das Marketing gesucht werden. Auch in den zumeist monatlich erscheinenden Fachzeitschriften für Marketing und Public Relations werden Führungspositionen im Marketing ausgeschrieben.

Neben den Print-Titeln haben sich Stellenmärkte im Internet aufgrund der Verfügbarkeit der Anzeigen rund um die Uhr, der hohen Aktualität und der deutlichen Kostenvorteile als Alternative etabliert. Für die internetbasierte Stellensuche nach Führungspositionen im Marketing in Deutschland bieten heute www.jobpilot.de und www.stepstone.de die besten Ergebnisse. Beide Anbieter ermöglichen Ihnen zudem die kostenlose Veröffentlichung des eigenen Lebenslaufs auf deren Website. Auch erhalten Sie auf Wunsch per E-Mail regelmäßig die neu eingegangenen Stellenangebote für zuvor von Ihnen festgelegte Suchprofile.

Anstatt eine Vielzahl von Stellenmärkten im Internet besuchen zu müssen, können Sie über Meta-Suchmaschinen Ihre Jobsuche in mehreren Stellenmärkten auch gleichzeitig durchführen. Die Meta-Suchmaschine www.jobrobot.de bietet Ihnen beispielsweise die Möglichkeit, mittels ein und derselben Suchmaske in über 60 Stellenmärkten gleichzeitig nach Jobs zu suchen. Die Ergebnisse werden dann aneinandergereiht angezeigt. So können Sie sich in kurzer Zeit einen umfassenden Überblick über die Online-Stellenangebote für Marketingleiter anzeigen lassen.

Auch in den Stellenmärkten der einschlägigen Marketing-Websites wie www.horizont.net und www.kress.de werden regelmäßig Führungspositionen im Marketing angeboten.

Führungskräfte für das Marketing werden jedoch nicht nur mittels öffentlicher Stellenanzeigen gesucht. Viele Unternehmen schalten Personalberater ein, die zum Teil ausschließlich per Direktansprache Kontakt mit potenziellen Bewerbern aufnehmen. Sie können zwar nicht wissen, welcher Berater gerade für welche Mandanten Führungskräfte für das Marketing sucht. Jedoch können Sie davon unabhängig zu den wichtigsten Personalberatern Kontakt aufnehmen und diesen Ihren Lebenslauf für deren Bewerberdatenbank zur Verfügung stellen. Einige Personalberater nutzen das Instrument Bewerberdatenbank intensiv, sodass Sie auf diesem Weg bei entsprechenden Suchaufträgen immer wieder in den Kreis der zu betrachtenden Kandidaten einbezogen werden. Um Sie hierbei zu unterstützen, finden Sie nachfolgend eine Übersicht der umsatzstärksten Personalberatungen in Deutschland. Diese wird jährlich vom Bundesverband Deutscher Unternehmensberater BDU e. V. (www.bdu.de) veröffentlicht.

	Personalberatung	Gesucht werden	Gesucht wird für
1	Kienbaum Executive Consultants	Fach- und Führungskräfte	alle Branchen
2	Heidrick & Struggles Consultants in Executive Search	Fach- und Führungskräfte	Finanzdienstleister, Unternehmensberater, Konsumgüterindustrie, IT, Werbung und Medien, Fertigungsindustrie, Bau- und Immobilienbranche
3	Egon Zehnder International	Fach- und Führungskräfte	Maschienenbau, IT, Telekommunikation, Bio- und Gentechnologie, Finanzdienstleister, Versicherungen
4	Ray & Berndtson Unternehmensberatung	Fach- und Führungskräfte	alle Branchen
5	Baumann Unternehmensberatung	Fach- und Führungskräfte, Spezialisten	alle Branchen
6	Korn/Ferry International	Fach- und Führungskräfte	Handel, Finanzdienstleister, Versicherungen, Gesundheitswesen, Automobilindustrie, Flugzeugbau, Energiesektor, Werbung, Medien, Konsumgüterindustrie
7	Deininger Unternehmensberatung	Spitzenkräfte	alle Branchen
8	Russel Reynolds Associates	Spitzen- und Führungskräfte	alle Branchen
9	Delta Management Consultants	Fach- und Führungskräfte	Automobilindustrie, IT, Telekommunikation, Medien, Handel, Pharma, Tourismus, Transport und Logistik, E-Business
10	Signium International	Spitzenkräfte	Industrie, Dienstleistung, Handel, Öffentlicher Sektor, Non-Profit-Organisationen

Quelle: Bundesverband Deutscher Unternehmensberater BDU e. V., Junge Karriere

Personalberatungen in Deutschland nach Umsatz 2003

Neben der Jobsuche anhand von Stellenanzeigen und mittels Personalberater bietet das Networking eine gute Voraussetzung, um rechtzeitig über demnächst vakante oder neu geschaffene Führungspositionen im Marketing informiert zu werden. Prüfen Sie, welche Personen in Ihrem beruflichen und persönlichen Netzwerk über welche Marketingpositionen in anderen Unternehmen informiert sind. Fehlen Ihnen die notwendigen Verbindungen, bauen Sie diese auf. Auch die an den Deutschen Marketing Verband e. V. (www. marketing-verband.de) angeschlossenen Marketing Clubs bieten Marketinginteressierten eine gute Einstiegsmöglichkeit in die Szene.

Die schriftliche Bewerbung

Zum Thema Gestaltung der schriftlichen Bewerbungsunterlagen finden Sie eine Vielzahl von Publikationen. Lassen Sie sich bei Bedarf von einem Buchhändler beraten. Kaufen Sie sich einige geeignete Bücher, die speziell das Thema Bewerbung von Führungskräften zum Gegenstand haben. An dieser Stelle deshalb nur in Kürze einige zusätzliche Hinweise.

Tipps für Ihre schriftliche Bewerbung

➤ Ihre Bewerbungsunterlagen sind Ihre Visitenkarte. Sorgen Sie deshalb immer für höchste Qualität Ihrer Unterlagen. Dies gilt auch für E-Mail-Bewerbungen.

➤ Machen Sie sich bewusst, dass Sie sich für eine Führungsposition bewerben. Hierfür ist ein breites fachliches Know-how erforderlich. Stellen Sie deshalb nicht Ihre besonderen Kenntnisse und Vorlieben bezüglich einer bestimmten Marketingfunktion in den Vordergrund Ihrer Bewerbung. Zwar kommen zum Beispiel besonders aufwändig und kreativ gestaltete Unterlagen bei der Bewerbung als Mitarbeiter für Printwerbung gewiss gut an. Als Marketingleiter ist jedoch eine besondere Kreativität bei der äußeren Gestaltung eher irritierend und nicht zielführend.

➤ Einige Personalberater bieten, beispielsweise in Kooperation mit Zeitungen, für wenig Geld einen Check von Bewerbungsunterlagen an. Solch einen Check sollten Sie zumindest einmal durchführen lassen, nachdem Sie Ihre Bewerbung bestmöglich selbst gestaltet haben. Oftmals ergeben sich hieraus noch weitere nützliche Verbesserungsvorschläge.

Das Vorstellungsgespräch

Auch zur Vorbereitung von Vorstellungsgesprächen gibt es für Führungskräfte eine breite Palette an Fachbüchern. Deshalb auch hier nur das Wichtigste in Kürze.

Aus ökonomischen Gründen werden häufig nur maximal fünf bis sechs Bewerber für die erste Vorstellungsrunde eingeladen. Zwei bis drei Vorstellungsgespräche mit den erfolgreichen Kandidaten sind die Regel, bevor die endgültige Entscheidung für einen bestimmten Kandidaten fällt.

Das erste Gespräch findet in der Regel mit dem beauftragten Personalberater statt. Wurde kein Personalberater beauftragt, übernehmen der Personalleiter und der zukünftige Vorgesetzte das Erstgespräch. Das zweite Gespräch findet dann mit dem Personalleiter und dem zukünftigen Vorgesetzten statt. Das dritte Gespräch erfolgt in demselben Kreis, gegebenenfalls zudem unter Beteiligung eines Geschäftsführers bzw. Vorstandsmitglieds.

Informieren Sie sich im Vorfeld über das ausschreibende Unternehmen und das Branchenumfeld. Über folgende Themen sollten Sie bereits im ersten Gespräch Kenntnis besitzen:

Checkliste:
Wissenswertes für das Vorstellungsgespräch

	ja	nein
➤ Kennen Sie die Eckdaten zu Umsatz- und Gewinnentwicklung sowie Mitarbeiterzahl?	❑	❑
➤ Ist Ihnen die Unternehmensstruktur inklusive Beteiligungen bekannt?	❑	❑
➤ Sind Sie mit der Unternehmensgeschichte vertraut?	❑	❑
➤ Kennen Sie die Namen und – falls verfügbar – die Lebensläufe der Geschäftsführer/Vorstandsmitglieder sowie des zukünftigen direkten Vorgesetzten?	❑	❑
➤ Haben Sie einen Überblick über die aktuellen Themen und Termine der Branche und des Unternehmens?	❑	❑
➤ Kennen Sie das Produktportfolio und haben Sie Hintergrundinformationen zu den wichtigsten Produkten?	❑	❑
➤ Wissen Sie etwas über die Vertriebs- und Marketingstrategie?	❑	❑
➤ Kennen Sie die aktuellen Werbe- und PR-Maßnahmen?	❑	❑

Erscheinen Sie pünktlich und ausgeruht zum Vorstellungsgespräch. Der erste Eindruck zählt! Vorteilhaft ist ein natürliches Auftreten. Drängen Sie sich nicht auf. Achten Sie auf die Gestik und Mimik Ihrer Gesprächspartner.

Stellen Sie sich realistisch dar. Vorsicht vor Übertreibungen und zu optimistischen Einschätzungen. Gehen Sie mit unangenehmen Entwicklungen offen um. Zeigen Sie, was Sie daraus gelernt haben.

Das Vorstellungsgespräch läuft in der Regel nach einer festen Struktur ab.

Die 7 Phasen des Vorstellungsgesprächs

1. Aufwärmphase
2. Vorstellung der Gesprächspartner und einleitende Worte
3. Vorstellung des Unternehmens und der vakanten Position
4. Selbstdarstellung des Bewerbers
5. Detailfragen zu wichtigen Themen in der Selbstdarstellung
6. Fragen des Bewerbers an das Unternehmen
7. Gesprächsabschluss und Verabschiedung

Auf jede dieser Phasen müssen Sie sich mental und in Ihrem Verhalten einstellen. In jeder dieser Phasen ist mit spezifischen Fragen zu rechnen. Nutzen Sie die Möglichkeit, für Sie wichtige Informationen während des Vorstellungsgesprächs schriftlich festzuhalten.

Checkliste:
Die wichtigsten Fragen an den Bewerber

➤ Was wissen Sie über uns?

Ihre Antwort: _____

_____

➤ Warum wollen Sie wechseln?

Ihre Antwort: _____

_____

➤ Warum haben Sie sich gerade bei uns beworben?

Ihre Antwort: _____

_____

➤ Schildern Sie kurz Ihren Werdegang.

Ihre Antwort: _____

_____

➤ Wie wollen Sie die ausgeschriebene Position ausfüllen?

Ihre Antwort: _____

_____

➤ Welche Erfahrungen bringen Sie für den Job als Marketingleiter mit?

Ihre Antwort: _____

_____

➤ Warum wollen Sie Marketingleiter werden?

Ihre Antwort: _____

_____

➤ Was unterscheidet Sie von anderen Bewerbern?

Ihre Antwort: _____

_____

Fortsetzung Checkliste:
Die wichtigsten Fragen an den Bewerber

➤ Gab es bestimmte Aufgaben oder Tätigkeiten, die Ihnen schon immer schwer fielen?
Ihre Antwort:

➤ Wie gehen Sie damit um?
Ihre Antwort:

➤ Wie gehen Sie mit Konflikten im Kollegenkreis um?
Ihre Antwort:

➤ Welches waren Ihre größten Erfolge?
Ihre Antwort:

➤ Welches waren Ihre größten Misserfolge?
Ihre Antwort:

➤ Welches sind Ihre größten Schwächen?
Ihre Antwort:

➤ Was ist Ihnen als Führungskraft besonders wichtig?
Ihre Antwort:

➤ Wie können Sie die Atmosphäre im Team fördern?
Ihre Antwort:

Fortsetzung Checkliste:
Die wichtigsten Fragen an den Bewerber

➤ Wie organisieren Sie Ihre Mitarbeiter?

Ihre Antwort: _____

_____

➤ Mit welcher Art von Personen kommen Sie am leichtesten zurecht und warum?

Ihre Antwort: _____

_____

➤ Mit welcher Art von Personen finden Sie den Umgang eher schwierig?

Ihre Antwort: _____

_____

➤ Was ist Ihnen im Umgang mit Mitarbeitern, Kollegen und Vorgesetzten wichtig?

Ihre Antwort: _____

_____

➤ Wie führen Sie neue Ideen bei Widerstand trotzdem ein?

Ihre Antwort: _____

_____

➤ Haben Sie bereits Führungserfahrung? Was hat Ihnen daran gefallen und was nicht?

Ihre Antwort: _____

_____

➤ Wie schätzen Sie Ihre kommunikativen Fähigkeiten ein?

Ihre Antwort: _____

_____

**Fortsetzung Checkliste:
Die wichtigsten Fragen an den Bewerber**

➤ Wie gehen Sie bei der Bearbeitung einer konkreten Aufgabe vor (beispielsweise der Erstellung des Marketingplans für das nächste Jahr)?
Ihre Antwort:

➤ Warum sollten wir Sie einstellen?
Ihre Antwort:

➤ Wo wollen Sie in fünf Jahren stehen?
Ihre Antwort:

➤ Was verdienen Sie heute und was möchten Sie bei uns verdienen?
Ihre Antwort:

➤ Welche Kündigungsfrist hat Ihr heutiger Arbeitsvertrag?
Ihre Antwort:

Verzetteln Sie sich bei den Antworten nicht, sondern beschränken Sie sich auf das Wichtigste. Bei Bedarf wird der Interviewer nachfragen.

Stellen Sie im Vorstellungsgespräch keine zukünftige Gesamtstrategie aus Ihrer Sicht dar. Eine solche können Sie erst nach der genauen Analyse des Ist-Zustands entwickeln. Ebenso wenig sollten Sie sich im Vorstellungsgespräch in einzelnen Vorschlägen zu Marketingaktionen verlieren. Hüten Sie sich auch vor vorschnellen Zusagen, die Sie nicht einhalten können.

Ein Vorstellungsgespräch ist keine Einbahnstrasse. Führen Sie einen Dialog. Auch Sie haben die Gelegenheit zu prüfen, ob das Unternehmen und die ausgeschriebene Position tatsächlich zu Ihnen passt.

Folgende Fragen sollten Sie im Rahmen des Bewerbungsverfahrens an den Interviewer auf jeden Fall stellen:

Checkliste: Ihre Fragen im Vorstellungsgespräch

- Gibt es eine Stellenbeschreibung, die Sie mir aushändigen können?
- Warum hat mein Vorgänger die Position verlassen?
- Wie ist die Abteilung Marketing in Ihrem Unternehmen organisatorisch eingebettet?
- Wie ist die Abteilung Marketing selbst organisiert?
- Was wird von der Abteilung Marketing in den nächsten zwölf Monaten erwartet?
- Ist an eine Ausweitung der Aufgaben in nächster Zukunft gedacht?
- Auf den Punkt gebracht: Was erwarten Sie von mir konkret?
- Wie viele Mitarbeiter sind dem Marketingleiter unterstellt?
- Wem ist der Marketingleiter fachlich und personell unterstellt?
- Wie ist der Marketingleiter in die Führungsstruktur eingebunden (gleichberechtigt zum Vertriebsleiter, Teilnahme an Leiterkreisbesprechungen etc.)?
- Welche Möglichkeiten der beruflichen Weiterbildung und Personalentwicklung bieten Sie an?
- Bestehen Aufstiegschancen?

Nennen Sie Ihren Gehaltswunsch bzw. Ihr heutiges Gehalt nur auf Nachfrage. Schneiden Sie die Gehaltsthematik nicht von sich aus an. Wenn das Gespräch auf dieses Thema gelenkt wird, erkundigen Sie sich nach dem für die Position vorgegebenen Gehaltsrahmen.

Falls Sie in Ihrer Beurteilung der angebotenen Stelle unsicher sind, bitten Sie das Unternehmen, Ihnen im Rahmen eines „Schnuppertags" Gespräche mit den zukünftigen Leiterkollegen zu ermöglichen. Lernen Sie in diesem Rahmen auch die Mitarbeiter im Marketing kennen. Lassen Sie sich die Büros der Marketingabteilung zeigen.

Am Ende des Vorstellungsgesprächs fragen Sie nach dem weiteren Vorgehen und dem Zeitrahmen bis zur Entscheidung. In Telefonaten nach einem Vorstellungsgespräch können Sie die Interviewer auch danach fragen, wo Sie stehen. Falls Sie eine Absage erhalten, werten Sie dies nicht als Zurückweisung Ihrer Person. Es gibt viele gute Gründe, warum ein anderer Bewerber besser für die Position geeignet ist.

2. Die ersten 100 Tage erfolgreich gestalten

2.1 Erfolgsfaktoren im Führungswechsel

Aus Fachkreisen wird die Zahl der Führungswechsel im oberen Management in Deutschland auf jährlich über 150 000 geschätzt. In der Regel wechseln die Stelleninhaber von Führungspositionen im Durchschnitt alle vier Jahre. Jedoch scheitern 30 Prozent aller Führungswechsel bereits innerhalb des ersten Jahres. Der Erfolg einer Neubesetzung zeigt sich dabei nicht erst nach der Probezeit, die in der Regel sechs Monate beträgt. Über Erfolg und Misserfolg entscheiden vielmehr bereits die ersten 100 Tage in der neuen Position.

Grund genug für Unternehmen und Bewerber, sich die Erfolgsfaktoren für einen gelungenen Start im neuen Job bewusst zu machen. Hierzu wurden zahlreiche Untersuchungen durchgeführt. Als Ergebnis lassen sich folgende Erkenntnisse zusammenfassen.

Die Erfolgsfaktoren im Führungswechsel

- ➤ Fachliche Qualifikation und persönliche Eignung des Bewerbers sind unabdingbare Voraussetzung für den Erfolg.
- ➤ Wichtig ist der schnelle Aufbau guter Arbeitsbeziehungen zu Schlüsselpersonen im neuen Unternehmen.
- ➤ Brancheninsider sind erfolgreicher als Branchenfremde.
- ➤ Vorbereitete Führungswechsel sind erfolgreicher als schnelle. Von den ersten Aktivitäten bei der Suche nach einer neuen Position bis zum Jobantritt vergehen oftmals bis zu eineinhalb Jahren.

> Unerlässlich ist eine gründliche Situationsanalyse innerhalb der ersten Wochen. Daran schließt sich die Bestimmung der Ziele an. Anschließend erfolgt eine Gewichtung der Aufgaben nach Dringlichkeit und Bedeutung anhand der vorgegebenen Ziele.
> Notwendig sind Entwicklung und Abstimmung von Strategien zur Zielerreichung.
> Ein weiterer wichtiger Schritt ist die Entwicklung einer mit den Zielen und Strategien übereinstimmenden Vision für den Verantwortungsbereich.
> Und letztendlich hat die Ausrichtung der Organisation und der Prozesse auf die Zielerreichung zu erfolgen.

Nutzen Sie diese Bausteine für Ihren Erfolg. Wie Sie dies konkret umsetzen können, ist im Folgenden beschrieben.

2.2 Erwartungen erkennen und Konflikte meistern

Jeder Neueinsteiger steht in der ersten Zeit zunächst einmal im Rampenlicht der Erwartungen. Von allen Seiten werden dem Neuling ausgesprochene und unausgesprochene Erwartungen entgegen gebracht. Mit dem „Neuzugang" werden Hoffnungen und Wünsche verknüpft.

Einige dieser Erwartungen stehen miteinander in Konflikt oder sind unerfüllbar. Solche Situationen entstehen zum Beispiel, wenn sich die Marketingmitarbeiter einen sicheren Arbeitsplatz und eine Aufwertung der Abteilung wünschen, während die Geschäftsführung in der Marketingabteilung personelle Veränderungen umgesetzt sehen will und das Budget jüngst gekürzt hat.

Für den Neueinsteiger ist das Erkennen und der geschickte Umgang mit den Erwartungen im Unternehmen eine Grundvoraussetzung für den erfolgreichen Einstieg. Es gilt, die Erwartungshaltungen auszuloten, mit ihnen umzugehen und gleichzeitig aufgrund einer umfassenden Situationsanalyse einen eigenen Kurs zu entwickeln und umzusetzen.

Im Wesentlichen gibt es drei Parteien, die dem neuen Marketingleiter ihre Erwartungen entgegen bringen: Vorgesetzte, Kollegen und Mitarbeiter.

Was Ihre Vorgesetzten erwarten

Im Bewerbungsverfahren besteht die Möglichkeit, den zukünftigen Vorgesetzten über dessen Ziele und Erwartungen zu befragen. In der Zeitspanne zwischen dem letzten Bewerbungsgespräch und dem ersten Arbeitstag können sich die im Bewerbungsgespräch noch aktuellen Ziele verändert haben. Einzelne Ziele können weggefallen, andere hinzugekommen sein. Nutzen Sie daher die ersten Tage in dem neuen Unternehmen dazu, mit Ihrem Vorgesetzten die Ziele und Erwartungen erneut abzuklären und zu präzisieren.

Bei jedem Führungswechsel gibt es neben den ausgesprochenen auch unausgesprochene Erwartungen. Für Ihren Erfolg sind oftmals die unausgesprochenen Erwartungen Ihres Vorgesetzten genauso entscheidend wie die ausgesprochenen. Fragen Sie deshalb Ihren Vorgesetzten vertrauensvoll und direkt auch nach dem, was er „sonst noch" von Ihnen erwartet. Eine gute Abstimmung der Öffentlichkeitsarbeit, das fristgerechte Erreichen erster Milestones, das Lösen eines Dauerkonflikts mit einer anderen Abteilung, Loyalität, eine bessere, persönliche Abstimmung etc. können einige der unausgesprochenen Erwartungen sein. Fragen Sie in diesem Zusammenhang ruhig, was Ihrem Vorgesetzen bei der Zusammenarbeit mit Ihrem Vorgänger gefallen hat und was nicht. Gerade die gemeinsamen Gespräche in den ersten Tagen sind hierfür besonders günstig. Ihr Vorgesetzter wird Sie mit Vorschusslorbeeren bedacht den Kollegen und Mitarbeitern vorstellen. Bewusst wird er sich konsequent hinter „seinen Neuen" stellen, denn Sie einzustellen war seine eigene Entscheidung.

Checkliste: Erwartungen des Vorgesetzten

➤ Welche wichtigen Ziele hat sich Ihr Vorgesetzter für den Zeitraum Ihrer Probezeit und in Ihren ersten zwölf Monaten persönlich gesetzt?

_____

_____

➤ Wie können Sie ihn dabei unterstützen?

_____

_____

➤ Wie lange bestehen diese Ziele schon?

_____

_____

➤ Was wurde bereits getan, um diese Ziele zu erreichen?

_____

_____

➤ Warum wurden diese Ziele nicht erreicht?
(Gleichen Sie die Antwort mit den Aussagen Ihrer neuen Mitarbeiter und Kollegen ab.)

_____

_____

➤ Was ist im Umgang mit den Mitarbeitern im Marketing aus Sicht Ihres Vorgesetzten und Ihrer Kollegen zu beachten?
(Bitten Sie Ihren Vorgesetzten, den Personalleiter und Ihre Kollegen jeweils um eine Einschätzung jedes Ihrer Mitarbeiter.)

_____

_____

➤ Welche personellen Veränderungen wurden vor Ihrem Jobantritt bereits vollzogen?

_____

_____

**Fortsetzung Checkliste:
Erwartungen des Vorgesetzten**

➤ Welche personellen Veränderungen werden von Ihnen erwartet?

_____

_____

➤ Welche Mitarbeiter werden diese Veränderungen nicht mittragen wollen?

_____

_____

Was Ihre Leiterkollegen erwarten

Die Aufgabe der Leiterebene in jedem Unternehmen ist es, Strategien zur Umsetzung der von der Geschäftsführung vorgegebenen Ziele zu entwickeln, deren Umsetzung zu planen, zu steuern und die Zielerreichung zu messen. Ihre Mitarbeiter stellen die wichtigste Ressource für die Erfüllung dieser Arbeit dar. Dies bedeutet, dass Sie sich als Marketingleiter in einem steten Spannungsfeld zwischen den Anforderungen der Geschäftsführung und den Möglichkeiten und Bedürfnissen der Abteilungsmitarbeiter befinden und diese miteinander in Einklang bringen müssen.

Dieselbe Aufgabe haben Ihre Leiterkollegen aus anderen Fachabteilungen, die ebenfalls für die gemeinsame Zielerreichung verantwortlich sind. Tauschen Sie sich mit Ihren Leiterkollegen deshalb regelmäßig zu allen wichtigen Themen aus. Informieren Sie sich gegenseitig über wichtige Neuigkeiten und Veränderungen. Dies gilt auch für die Information über Zielvereinbarungen im Leiterkreis. Ansonsten drohen Ihnen aus Unkenntnis unnötige Konflikte mit Leiterkollegen.

Basis für die Zusammenarbeit im Leiterkreis ist Vertrauen untereinander. Schaffen Sie eine gute Arbeitsatmosphäre, indem Sie sich offen austauschen und vertrauliche Themen entsprechend behandeln. Versprechen Sie nichts, was Sie nicht halten können.

Ihre Leiterkollegen sind häufig schon längere Zeit im Unternehmen. Sie kennen die Anforderungen Ihres Vorgesetzten, auch an das Marketing. Sie haben die Erfolge und Misserfolge Ihres Vorgängers miterlebt. Ferner wissen Sie, welche Prozesse zwischen den Abteilungen wie laufen und wo es hakt. Gerade die Marketingabteilung übt im Unternehmen eine Schnittstellenfunktion aus. Nutzen Sie deshalb dieses Wissen.

Die Kollegen im Leiterkreis erwarten von Ihnen Respekt vor der Leistung der anderen Abteilungen. Stellen Sie fest, auf welche Leistungen die Führungskräfte des Unternehmens stolz sind.

Ebenfalls erwarten Ihre Kollegen, dass Sie Ihre persönlichen Ziele mitteilen. Stellen Sie bei der Gelegenheit fest, welche Ziele aus Sicht Ihrer Leiterkollegen besonders wichtig sind und ob es eine klare Unternehmensstrategie gibt.

Auch im Leiterkreis erhofft man sich von Ihnen „frischen Wind" und neue Ideen. Fragen Sie Ihre neuen Kollegen nach ihren diesbezüglichen Erwartungen. Erfragen Sie in einem solchen Vier-Augen-Gespräch auch die Einschätzung Ihrer Kollegen zum bisherigen Aufbau und der Leistung der Marketingabteilung.

Fragen Sie danach, wie sich die Zusammenarbeit zwischen Ihren Abteilungen verbessern lässt. Die Schnittstellenthematik ist ein regelmäßig neu abzustimmendes Thema. Welche Versuche wurden zur besseren Abstimmung bereits unternommen? Wie lassen sich die gemeinsamen Aufgaben und Prozesse durch mehr direkte Kontakte zwischen den Abteilungen in Zukunft schneller lösen?

Berücksichtigung Sie die gesammelten Wünsche der anderen Abteilungsleiter bei der Planung zukünftiger Veränderungen in Ihrem Bereich. Versuchen Sie Veränderungen so zu organisieren, dass Vorteile für alle beteiligten Abteilungen entstehen.

Ihre Kollegen erwarten ebenso wie Sie eine enge Abstimmung bei Veränderungen, die gemeinsam in Angriff genommen werden sollen. Informieren Sie daher nach Abstimmung mit Ihrem Vorgesetzten Ihre Leiterkollegen zeitnah über Veränderungen im Marketing, die andere Abteilungen betreffen.

Mit Recht erwarten Führungskräfte zudem eine vorherige Abstimmung, wenn das Marketing mit neuen Aufgaben auf die Ressourcen ihrer Abteilung zugreift. Sprechen Sie sich hierzu stets im Vorfeld mit den Leiterkollegen ab.

In einem bestehenden Kreis von Führungskräften gibt es feste Rituale und Spielregeln im Umgang miteinander. Ebenfalls gibt es im Leiterkreis gemeinsame Spielregeln für den Umgang mit Vorgesetzten und Mitarbeitern. Finden Sie diese Regeln unbedingt heraus. Sie ersparen sich dadurch eine Menge Irritationen und Ärger. Nicht alle Regeln werden Ihnen sinnvoll erscheinen. Verstoßen Sie gegen diese Regeln jedoch nicht, ohne sie zu kennen und ohne reifliche Überlegung.

In vielen Unternehmen haben manche Abteilungen wesentlich mehr Einfluss als andere. Abhängig von bestimmten Faktoren (zum Beispiel von der Vermarktungsstrategie) zählt hierzu gelegentlich auch die Marketingabteilung. Aufgrund ihrer Bedeutung für den Unternehmenserfolg sind hierzu in jedem Fall jedoch die Abteilungen Vertrieb, Finanzen und Produktion zu zählen.

Insofern überrascht es nicht, dass die Abteilungsleiter unterschiedlichen Einfluss im Unternehmen ausüben können. Nur zu oft wird in Leiter „erster" und „zweiter Klasse" oder „Leiter" und „Halbleiter" unterschieden. Oftmals findet diese Unterscheidung auch zwischen Leitern der Zentrale und Niederlassungsleitern statt. Um die Position des Marketingleiters gut auszufüllen, benötigen Sie einen Platz in der ersten Reihe. Kämpfen Sie dafür. Persönlichkeit kann hierbei vieles ausgleichen.

Vermeiden Sie aber persönliche Allianzen mit der Geschäftsführung, „politische Lager" und den Einstieg in Seilschaften. „Lieblingsleiter" der Geschäftsführung oder der Mitarbeiter zu werden oder Eigeninteressen auf Kosten des Unternehmens durchzusetzen ist nicht Ihre Aufgabe. Ihre Aufgabe ist es, den Marketingjob bestmöglich im Interesse des Unternehmens auszuführen.

Tipps für den Umgang mit Leiterkollegen

- Tauschen Sie sich mit Ihren Leiterkollegen regelmäßig zu allen wichtigen Themen aus. Informieren Sie sich gegenseitig über wichtige Neuigkeiten und Veränderungen.
- Finden Sie heraus, auf welche Leistungen die Führungskräfte des Unternehmens stolz sind, und erkennen Sie diese Leistungen an.
- Bitten Sie Ihre Kollegen um ihre Einschätzung zum bisherigen Aufbau und der Leistung der Marketingabteilung.
- Fragen Sie Ihre Kollegen auch nach deren Ideen, die in nächster Zeit im Unternehmen umgesetzt werden sollen.
- Signalisieren Sie die Bereitschaft, Veränderungen gemeinsam umzusetzen.
- Finden Sie heraus, welchen Einfluss Ihre Leiterkollegen im Unternehmen besitzen. Fragen Sie danach nur indirekt, achten Sie vielmehr auf die Kommentare Ihrer Gesprächspartner zu einzelnen Personen, und beobachten Sie das Verhalten Ihrer Leiterkollegen in gemeinsamen Besprechungen.

Was Ihre Mitarbeiter erwarten

Je höher Sie in einer Organisation aufsteigen, desto stärker werden Sie wahrgenommen. Ihre Mitarbeiter achten auf Sie und orientieren sich an Ihnen. Tag für Tag wird registriert,

- ob Sie sich wohl fühlen oder nicht,
- ob Sie Ihrem Anspruch an Ihre Mitarbeiter auch selbst genügen,
- ob Sie vollen Einsatz bringen oder Themen schleifen lassen,
- ob Sie Ihre Mitarbeiter beispielsweise durch die rechtzeitige Weitergabe von Informationen in Ihrer Arbeit ausreichend unterstützen,
- ob Sie die unterstellten Mitarbeiter fair behandeln,
- ob Sie menschliche Züge zeigen oder nicht,
- wie Ihre Stimmung ist und
- wie Sie sich für die Interessen Ihrer Abteilung und Ihrer Mitarbeiter gegenüber anderen Abteilungen bei wichtigen Themen einsetzen.

Gerade in den ersten Wochen im neuen Unternehmen wird Ihr Führungsverhalten besonders genau beobachtet. Führung beinhaltet – unter anderem – auch den Umgang mit den Erwartungen der unterstellten Mitarbeiter. Umso wichtiger ist es zu wissen, was Ihre Mitarbeiter erwarten und wie Sie mit dieser Erwartungshaltung umgehen sollten.

Welche Erwartungen und Wünsche Ihre Mitarbeiter konkret an Sie stellen, sollten Sie in den ersten Wochen in Vier-Augen-Gesprächen mit jedem Teammitglied persönlich klären. Nehmen Sie sich hierfür jeweils ausreichend Zeit. Versprechen Sie in dieser Phase nichts, machen Sie keine Zugeständnisse. Sie sind nicht der Weihnachtsmann. Aber hören Sie gut zu, was Ihrer Mannschaft auf der Seele liegt. Haken Sie nach, wenn Zusammenhänge nicht sofort verständlich vorgetragen werden.

Ihre Mitarbeiter wünschen sich zumeist einen sicheren Arbeitsplatz, eine gute zwischenmenschliche Arbeitsatmosphäre, klare Ziele, eine gemeinsame Festlegung der Vorgehensweise, eine Beteiligung an Entscheidungen und die notwendigen Instrumente, um ihre Arbeit gut zu erledigen. Zudem wünscht sich ein Teil der Mitarbeiter Fortbildungsmöglichkeiten, Aufstiegschancen und Gehaltserhöhungen.

Ein Teil dieser Wünsche wird Ihnen gegenüber offen benannt. Thematisiert werden in der Regel schlecht funktionierende Arbeitsprozesse, seit langem unter den Teppich gekehrte Dauerkonflikte, mangelnder Teamgeist, eine fehlende Strategie, fehlende Zielvorgaben, geringe Beteiligung an Entscheidungen sowie fehlende Arbeitsmittel.

Tipps für den Umgang mit Mitarbeitern

- Sammeln Sie in den gemeinsamen Gesprächen alle Punkte und bewerten Sie diese später.
- Prüfen Sie, welche Wünsche sinnvoll und wichtig sind und welche Wünsche sich leicht befriedigen lassen.
- Gleichen Sie die Wünsche Ihrer Mitarbeiter mit den Zielvorgaben Ihres Vorgesetzten ab.
- Klären Sie, welche Wünsche Ihrer Mitarbeiter im Einklang mit den Vorgaben stehen.
- Prüfen Sie, welche weiteren Wünsche Ihrer Mitarbeiter Ihren Zielvorgaben nicht entgegenstehen und sinnvoll sind.
- Überlegen Sie, welche Wünsche Sie kurzfristig ohne größere Probleme erfüllen können.
- Entscheiden Sie nach dieser Prüfung, welche Erwartungen und Wünsche Sie wann angehen wollen und welche nicht.
- Kommunizieren Sie die Veränderungen erst nach erfolgreicher Umsetzung an das gesamte Team.

Zum Thema Mitarbeiter noch ein Tipp: Sprechen Sie in den ersten Wochen informell auch mit dem Betriebsratsvorsitzenden. Stellen Sie sich kurz vor und fragen Sie danach, ob es aus seiner Sicht besondere Themen zu beachten gilt. Viele Neuerungen, zum Beispiel eine Unternehmensrichtlinie zum Telefonverhalten, Quality Calls zur Überprüfung der Qualität des Telefonverhaltens, Überstundenanträge, die Einführung neuer Software etc., bedürfen in manchen Unternehmen der Zustimmung des Betriebsrats.

2.3 Schlüsselbeziehungen entwickeln

Der Aufbau eines tragfähigen Beziehungsnetzwerks ist ein zentraler Erfolgsfaktor für einen gelungenen Einstieg in das Unternehmen. Nicht alle Beziehungen zu Vorgesetzten, Leiterkollegen und Mitarbeitern sind jedoch gleich wichtig. Bei der Übernahme einer neuen Aufgabe gilt es daher, gerade zu jenen Personen eine gute Beziehung aufzubauen, die eine Schlüsselbedeutung für Ihren Einstieg haben. Denn häufig genug sind allein diese Schlüsselbeziehungen entscheidend für die Akzeptanz Ihrer Person und den Erfolg Ihrer Arbeit.

Schlüsselpersonen sind besonders zu Beginn nicht immer leicht zu identifizieren. Ausschlaggebend für Ihren Erfolg können beispielsweise auch heimliche Mitbewerber, informelle Führer oder ein starker Vorgänger sein. Gemeinsam ist diesen Schlüsselpersonen, dass sie in der Regel in ihrer oben genannten Rolle nicht direkt auf Sie zukommen. Es ist Ihre Aufgabe, diese Personen zu erkennen und, sofern möglich, das Gespräch mit ihnen zu suchen.

Hat Ihr Vorgänger beispielsweise in einen anderen Bereich gewechselt, sprechen Sie ihn an und bitten Sie ihn um seinen Rat und seine Unterstützung. Bewahren Sie zugleich eine professionelle Distanz zur Leistung Ihres Vorgängers. Entwickeln Sie von Anfang an ein authentisches, eigenes Profil.

Falls Ihre Mitarbeiter Fehler Ihres Vorgängers offen ansprechen, hören Sie gut zu. Anstelle selbst hierzu Stellung zu beziehen, ist es vorteilhafter, nach den Verbesserungsvorschlägen Ihrer Mitarbeiter zu fragen. Vermeiden Sie negative Bewertungen der Leistung Ihres Vorgängers. Sprechen Sie stattdessen über die Handlungsalternativen für die Zukunft. Denn die Wertschätzung für Ihre Person leidet in der Regel, wenn Sie Ihren Vorgänger kritisieren. Selbst wenn objektiv eindeutige Fehler von Ihrem Vorgänger zu verantworten sind, kann Ihre Strategie nur lauten, es zukünftig einfach besser zu machen. Denn mit den Schlechtleistungen Ihres Vorgängers kritisieren Sie zugleich oftmals die Leistung anderer, die damals mitgearbeitet oder ausgeführt haben.

Dadurch entstehen Loyalitätskonflikte, wenn Ihr Vorgänger in anderer Funktion noch im Unternehmen beschäftigt ist. Ihre Aufgabe ist es vielmehr, die Zukunft mit der Marketingabteilung positiv zu gestalten. Vermeiden Sie deshalb eine nicht zielführende, negative Nachlese der Vergangenheit.

War Ihr Vorgänger hingegen eine „Lichtgestalt", die nach Ansicht von Mitarbeitern und Kollegen das Marketing vorbildlich geführt hat, sollten Sie aus oben genannten Gründen ebenfalls von der Kommentierung der Leistungen Ihres Vorgängers konsequent absehen. Insbesondere wenn Ihr Vorgänger noch im Haus ist, bringen Sie sich selbst damit firmenintern in eine heimliche Konkurrenzsituation. Sie verursachen permanent Vergleiche, die Sie nicht gewinnen können. Aber auch wenn Ihr Vorgänger das Unternehmen verlassen hat, könnten andere aus Ihrer Kritik eher Unsicherheit im Hinblick auf Ihre eigene Leistung als auf überlegene Fähigkeiten schließen.

Eine besondere Situation entsteht, wenn ein interner Bewerber um Ihren Job in Ihrem neuen Team arbeitet. Machen Sie sich zunächst einmal klar, dass Sie keinerlei Verantwortung für die gescheiterte Bewerbung Ihres Mitbewerbers tragen. Ein fairer Umgang sollte Ihrem Gegenüber die Verarbeitung seiner Enttäuschung erleichtern. Sprechen Sie den unterlegenen Mitbewerber deshalb auf die Situation direkt an. Sagen Sie ihm, wie Sie sich in seiner Situation fühlen würden und dass Sie deshalb das Gespräch hierzu suchen. Vermeiden Sie Versprechungen und versuchen Sie nicht, Ihr Gegenüber zu beruhigen. Akzeptieren Sie seine Enttäuschung. Machen Sie jedoch auch deutlich, dass Sie an einer konstruktiven Zusammenarbeit interessiert sind und dass Sie damit möglichst bald beginnen möchten. Fragen Sie ihn, wie viel Zeit er voraussichtlich braucht, um sich mit den neuen Gegebenheiten zu arrangieren.

Behalten Sie die weitere Entwicklung im Auge. Falls der enttäuschte Mitbewerber mit der Situation trotz Ihres fairen Angebots in angemessener Zeit nicht zurecht kommt, ignorieren Sie dieses Verhalten nicht. Denn eines darf nicht passieren: dass der enttäuschte Mitbewerber von nun an ständig negative Stimmung verbreitet oder zu einem heimlichen Konkurrenten in Ihrer eigenen Abteilung wird. Beraten Sie sich hinsichtlich der weiteren Maßnahmen mit dem Personalleiter. Als weiterer Schritt bietet sich oftmals ein Dreiergespräch an.

Wie die Entwicklung aller menschlicher Beziehungen braucht auch die Entwicklung der Schlüsselbeziehungen Zeit und Geduld. Kommen Sie gerade in der Anfangsphase keinen Aufforderungen zur Kritik, zur inhaltlichen Festlegung und zu schnellen Zusagen nach. Vertrauen Sie hingegen auf Ihre eigenen Fähigkeiten, analysieren Sie die Situation und üben Sie sich in Geduld. Die Zeit zum Handeln wird noch schnell genug kommen. Wenn Sie dann agieren, nutzen Sie die Schlüsselbeziehungen, um gemeinsam den Erfolg abzusichern.

2.4 Bestandsaufnahme und Situationsanalyse

Zu oft begehen Jobwechsler den Kardinalfehler, bereits in den ersten Tagen die in den Vorgesprächen mit Vorgesetzten identifizierten Hauptaufgaben mit aller Kraft und ohne ausreichende Situationsanalyse anzugehen. Dieses Vorgehen beinhaltet ein hohes Risiko zu scheitern, da oftmals im Nachhinein festgestellt wird, dass die Veränderungen bedeutenden Widerstand innerhalb der Organisation auslösen, benötigte Ressourcen nicht zur Verfügung stehen, die Ziele sich in der Zwischenzeit geändert haben oder sich Fakten einfach ganz anders darstellen, als zuvor geschildert.

Deshalb ist es umso wichtiger, innerhalb der ersten Wochen ausreichend Zeit für die Bestandsaufnahme und eine ausreichende Situationsanalyse zu berücksichtigen. Bereits im Vorfeld Ihres Einstiegs in das neue Unternehmen haben Sie in verschiedenen Gesprächen die Situation der Marketingabteilung in den für Ihre Gesprächspartner wichtig erscheinenden Aspekten geschildert bekommen. Diese Situation gilt es nach dem Einstieg in das Unternehmen zu prüfen und bei Bedarf zu aktualisieren.

Checkliste: Bestandsaufnahme

Ihre Bestandsaufnahme muss folgende Bereiche umfassen:

- Statusreport zu den wichtigsten Kennzahlen des Unternehmens.
- Gewichtung der gegenwärtig im Gesamtunternehmen diskutierten Themen nach Dringlichkeit und Bedeutung.
- Organisatorische Einbindung der Marketingabteilung in das Unternehmen.
- Gewichtung der Anforderungen an die Marketingabteilung nach Dringlichkeit und Bedeutung.
- Statusreport zu den wichtigsten marketingrelevanten Themenbereichen von Marktforschung und Wettbewerbsanalyse bis hin zu der Art und dem Erfolg des eingesetzten Marketinginstrumentariums.
- Stärken und Schwächen der Marketingabteilung.
- Soziales Beziehungsgefüge der Kollegen untereinander.
- Ungeschriebene, soziale Regeln der Zusammenarbeit.
- Persönliche Situation und Einstellung der Marketingmitarbeiter.
- Bestimmung der Ressourcen der Marketingabteilung.
- Bestimmung der Veränderungsbereitschaft und des Know-how für Veränderungsprozesse.

Befragen Sie hierzu Ihre Kollegen im Management und Ihre Mitarbeiter. Fragen Sie nach den Hintergründen und nehmen Sie sich die Zeit, sich das Wesentliche genau erklären zu lassen. Gerade in der Anfangszeit müssen Sie Ihre kommunikative Stärke besonders nutzen.

Vereinbaren Sie zwecks Bestandsaufnahme und Ist-Analyse Einzelgesprächstermine mit Ihren Mitarbeitern und Kollegen. Gehen Sie bei der Bestandsaufnahme systematisch vor. Lassen Sie sich schildern, welche Aufgaben jeder Ihrer Mitarbeiter wahrnimmt und für wichtig empfindet. Informieren Sie sich auch über abteilungsübergreifende Prozesse.

Aufgrund der Vielzahl der Gespräche zu Beginn der Tätigkeit, ist die Gefahr groß, einzelne Tatsachen noch nicht richtig einordnen zu können oder Wichtiges zu übersehen. Schreiben Sie deshalb die wesentlichen Informationen noch im Gespräch mit. Lesen Sie sich diese Notizen regelmäßig durch, um das sich vervollständigende Bild kontinuierlich zu überprüfen.

Mit jedem Gespräch entwickelt sich Ihr Wissen über die aktuelle Situation weiter. Überprüfen Sie, ob Sie dabei das wirklich Bedeutende auch tatsächlich erfasst haben. Hierzu können Ihnen die Gespräche mit Ihren Marketingmitarbeitern dienen. Fragen Sie diese, in welcher Reihenfolge sie die erkannten Themen nach Dringlichkeit und Wichtigkeit einordnen.

Fragen Sie auch danach, welche der erkannten Themen bereits seit längerem bestehen und trotz aller Anstrengungen bislang nicht gelöst werden konnten. Sie werden feststellen, dass es in jedem Unternehmen „Dauerbrenner" gibt. Dies sind Themen, an denen sich schon manch einer die Zähne ausgebissen hat. Fragen Sie in solchen Fällen nach, was bereits alles zur Lösung des Problems unternommen wurde und warum die Bemühungen gescheitert sind. Dauerthemen sind keine unlösbaren Themen. Jedoch erfordern diese in der Regel sehr viel mehr Energie und aufwändigere Lösungen. Seien Sie sich dessen bewusst und berücksichtigen Sie dies bei der Planung Ihrer Aktivitäten.

Ein Schwerpunkt Ihrer Situationsanalyse muss die Bestimmung der Stärken und Schwächen der Marketingabteilung sein. Wie der Kapitän eines Segelschiffs müssen auch Sie sich über die Leistungsfähigkeit und -grenzen Ihrer Mannschaft hundertprozentig im Klaren sein, wenn Sie die bevorstehenden Aufgaben ohne Schiffbruch lösen wollen. Erst im Sturm die Leistungsfähigkeit auszutesten birgt ein hohes Risiko. Deshalb halten Sie für die einzelnen Aufgabengebiete am besten schriftlich fest, mit welcher Arbeitsleistung Sie pro Mitarbeiter rechnen können, wie hochwertig die Qualität der abgelieferten Arbeit und der Zufriedenheitsgrad mit der Erledigung in der Regel ist. Finden Sie die Leistungsträger in Ihrer Abteilung heraus.

Wie gut funktioniert die Zusammenarbeit mit anderen Abteilungen? Erhalten Ihre Mitarbeiter und Sie ausreichend schnell Informationen? Bestimmen Sie, wie gut das Kommunikationsklima ist.

Ermitteln Sie auch, wie zukunftgerichtet und innovationsfreudig Ihr Team ist und mit welchem Engagement und welcher Eigeninitiative einzelne Mitarbeiter arbeiten.

Schwachstellen können Sie nur ausbessern, wenn Sie diese zuvor erkannt haben. Das Wissen um die Stärken und Schwächen Ihrer Abteilung ist unabdingbare Voraussetzung für die Bestimmung der Aufgaben, die in Zukunft in Angriff zu nehmen sind. Unter Umständen müssen Sie einzelne Mitarbeiter austauschen oder zusätzliche Mitarbeiter zur Verstärkung der Abteilung heranziehen.

2.5 Arbeitsprozesse und Organisation der Marketingabteilung

Die Einbettung der Marketingabteilung in die Unternehmensorganisation erfolgt abhängig von Kundenklientel, Produkt- und Markenpolitik, Branche, Verkaufsgebiet und Unternehmensgröße höchst unterschiedlich. Doch unabhängig von der bestehenden funktions-, produkt- oder kundenorientierten Organisationsform gibt es für die Marketingabteilung stets eine optimale Organisationsform. Diese ist abhängig von der grundlegenden Marketingstrategie des Unternehmens. Ist die Marketingstrategie des Unternehmens bestimmt, ist diese in eine strategiekonforme Organisation umzusetzen. Dies schließt auch die Organisation der abteilungsübergreifenden, marketingrelevanten Prozesse im Unternehmen ein.

Überprüfen Sie zu Beginn Ihrer neuen Tätigkeit, ob die Marketingstrategie des Unternehmens richtig ist und die Organisation und die Prozesse der Marketingabteilung der Unternehmensstrategie entsprechen. Ist der Kernsatz „Structure follows strategy" nicht erfüllt, müssen Sie Ihren Vorgesetzten zumindest auf diesen Umstand hinweisen und eine Anpassung anstreben. Ansonsten können Sie langfristig die Ihnen vorgegebenen Ziele nicht erreichen.

Checkliste: Gestaltung der Organisationsstruktur

Bei der Gestaltung der Organisationsstruktur sind stets folgende Fragen zu beantworten:

➤ Welche Prozesse müssen durch die Organisation wahrgenommen werden?

Prozesse: _____

_____

➤ Welche Marketingaufgaben werden heute noch durch andere Abteilungen wahrgenommen und sollten übertragen werden?

Aufgaben: _____

_____

➤ Welche marketingfremden Aufgaben werden heute von der Marketingabteilung wahrgenommen und sollten übertragen werden?

Aufgaben: _____

_____

➤ Wie lässt sich die Bearbeitung einzelner Aufgaben am besten standardisieren und formalisieren?

Vorschläge: _____

_____

➤ Welche Spezialisierungstiefe ist in den einzelnen Arbeitsbereichen optimal?

Arbeitsbereich: _____

_____

➤ Welche Aufgaben lassen sich sinnvoll auf externe Dienstleister outsourcen, welche Aufgaben müssen in der Marketingabteilung selbst wahrgenommen werden?

Dienstleister: _____

_____

Marketingabteilung: _____

_____

Fortsetzung Checkliste:
Gestaltung der Organisationsstruktur

➤ Wie lassen sich die Schnittstellen zu anderen Abteilungen und externen Dienstleistern optimieren?
Vorschläge: _____

_____

➤ Welche Aufgaben lassen sich auf wen organisationsintern delegieren?
Aufgabe: _____

An wen delegieren? _____

➤ Wie kann die Entscheidungskompetenz für einzelne Aufgaben auf die entsprechende Hierarchiestufe delegiert werden?
Vorschläge: _____

_____

➤ Wie erfolgen Planung, Durchführung und Kontrolle der Aufgaben abteilungsintern?
Ist-Zustand: _____

_____

➤ Was lässt sich dabei verbessern?
Soll-Zustand: _____

_____

➤ Welche Entscheidungsunterstützungssysteme können zum Beispiel mit dem Controlling entwickelt werden?
Vorschläge: _____

_____

> **Fortsetzung Checkliste:**
> **Gestaltung der Organisationsstruktur**
>
> ➤ Welche IT-Unterstützung lässt sich implementieren?
>
> *Vorschläge:* _____
>
> _____
>
> ➤ Wie sind die Motivations- und Anreizsysteme zu verändern?
>
> *Ist-Zustand:* _____
>
> _____
>
> *Soll-Zustand:* _____
>
> _____

Im Rahmen der Situationsanalyse ist daher festzustellen, wie die einzelnen Punkte im Unternehmen zurzeit organisiert sind und welche Veränderungen in welchem Zeitrahmen notwendig sind. Berücksichtigen Sie dabei folgende Fragen:

➤ Welche Aufgaben soll die Marketingabteilung aufgrund der Unternehmensstrategie in Zukunft wahrnehmen?

➤ Welche Organisationsveränderungen erfordert das?

➤ Sind die notwendigen Organisationsveränderungen bereits geplant oder ist hier noch Überzeugungsarbeit zu leisten?

In diesem Zusammenhang müssen Sie sich auch bereits überlegen, wie Sie die Leistung der Marketingabteilung in Zukunft messen wollen. Denn nur wenn Sie die Ergebnisse festhalten, können Sie diese unternehmensintern erfolgreich vermarkten.

2.6 Symbole und Rituale für einen erfolgreichen Start

Das Ritual bezeichnet ein gleich bleibendes, regelmäßiges Vorgehen nach einer festgelegten Ordnung. Rituale standardisieren erfolgreiche Handlungsmuster, geben einer Gemeinschaft einen Rahmen und grenzen eine Gemeinschaft gegenüber anderen ab. In allen gesellschaftlichen Gruppen lassen sich Rituale feststellen. Insofern ist es nicht ungewöhnlich, dass Rituale auch in der Arbeitswelt ihren festen Platz haben.

Symbole hingegen werden eingesetzt, um etwas ansonsten Unvorstellbares in den Bereich der Be-Greifbarkeit zu holen. Symbole vermitteln als Bedeutungsträger Inhalte, die den Empfängern zumeist bereits bekannt sind.

Führungskräfte nutzen Rituale und Symbole in ihrer täglichen Arbeit ganz bewusst. Mit ihnen werden Botschaften schnell, eindeutig und umfassend kommuniziert. Auch für den Führungswechsel können Rituale und Symbole erfolgreich eingesetzt werden.

Folgt ein Marketingleiter auf einen erfolgreichen, möglicherweise sogar glorifizierten Vorgänger, steht zunächst einmal der respektvolle Umgang mit den Ritualen und Symbolen des Vorgängers im Vordergrund. Dies vermittelt Dritten den Eindruck, dass der Neue die Leistung des Vorgängers würdigt und eine gewisse Kontinuität des Erfolgs anstrebt. Zum anderen erleichtert solch ein Vorgehen den Mitarbeitern den Abschied vom Vorgänger. Nach einer angemessenen Zeit des Abschiednehmens muss der Marketingmannschaft jedoch mitgeteilt werden, dass es einen neuen Anfang gibt. Starke Führungspersönlichkeiten verändern die Organisation und die Prozesse. Dies muss auch über geänderte Rituale kommuniziert werden. Es geht um die Dokumentation der Präsenz des Neuen. Dies bedeutet zwangsweise, dass zumindest mit einigen wesentlichen Ritualen des Vorgängers gebrochen werden muss.

Rituale und Symbole müssen die zu kommunizierende neue Ausrichtung unterstützen. Möchten Sie also im Gegensatz zu Ihrem Vorgänger den teamorientierten Führungsstil betonen, sollten Sie in Ihren Besprechungen beispielsweise anstehende Entscheidungen im Team gleichberechtigt diskutieren, bevor Sie eine Entscheidung verkünden.

Andere Symbole (zum Beispiel Einzelbüro, Dienstwagen) und Rituale (zum Beispiel Abendessen mit dem Aufsichtsrat, private Leiterkreistreffen) dienen unter anderem auch der Dokumentation der Führungsposition. Nutzen Sie diese Ihnen vom Unternehmen zur Verfügung gestellten Instrumente.

Insgesamt lassen sich Symbole und Rituale sehr gut zur Vermittlung von Grundwerten, der Bestimmung der eigenen Position sowie der Initiierung von Veränderungen einsetzen.

3. Die Führung der Marketingabteilung

3.1 Erfolgsfaktoren der Teamführung

Bei der Führung Ihres Marketingteams sind folgende vier Faktoren entscheidend:

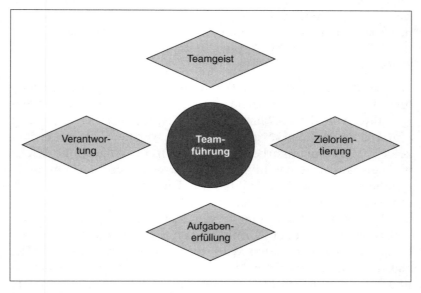

Die vier Erfolgsfaktoren der Teamführung

Bereits in den ersten Wochen ihrer Tätigkeit in dem neuen Unternehmen müssen Sie sich einen Überblick darüber verschaffen, wie intensiv diese vier Faktoren in Ihrem Marketingteam gelebt werden. Je stärker die vier Faktoren in Ihrem Team verankert sind, desto leistungsfähiger ist es und desto mehr Erfolg und Freude kann jedes Teammitglied bei der Arbeit erreichen.

Zielorientierung

Nur bei konsequenter Zielorientierung können bestehende und neue Aufgaben nach Dringlichkeit und Bedeutung individuell richtig eingeschätzt und entsprechend bearbeitet werden. Mit einer konsequent zielgerichteten Arbeitsweise können Sie deshalb die Effektivität der Marketingabteilung oftmals vom Start weg erhöhen.

Dies setzt voraus, dass alle Teammitglieder der Marketingabteilung die gesetzten Teamziele kennen und sich damit identifizieren. Ihre Aufgabe als Marketingleiter ist es, diese Ziele aus den Unternehmenszielen abzuleiten und sie verständlich jedem einzelnen Marketingmitarbeiter zu vermitteln. Allgemeine Ziele, wie beispielsweise das Image zu verbessern, den Marktanteil zu erhöhen oder die Rentabilität des Unternehmens zu steigern, müssen in konkrete Teilziele für jeden Mitarbeiter heruntergebrochen, konkretisiert und in der Zielerreichung messbar gemacht werden. Bei der Vermittlung an jeden einzelnen Mitarbeiter sollten Sie besonderen Wert auf die Erklärung des dem Ziel zugrunde liegenden Sinns legen. Nur bei Zielen, die verstanden und als sinnvoll erachtet werden, können Sie eine motivierte Umsetzung durch Ihre Mitarbeiter erwarten.

Aufgabenerfüllung

Die Mitarbeiter müssen neben den notwendigen fachlichen und persönlichen Voraussetzungen zur Aufgabenerfüllung auch über die benötigten Ressourcen (Arbeitsmittel, Zeit, Budget etc.) verfügen. Vergewissern Sie sich, dass die Voraussetzungen und Ressourcen zur Abarbeitung bestehender Routineaufgaben und Standardprozesse gegeben sind. Mangelt es hieran, prüfen Sie, ob Abhilfe durch Schulungen, einen höheren Ressourceneinsatz, eine Veränderung des Arbeitsprozesses oder die Übertragung einzelner Aufgaben auf andere Mitarbeiter erreicht werden kann. Falls dies nicht der Fall ist, muss die nicht erfüllbare Aufgabenstellung mittelfristig verändert werden.

Teamgeist

Jedes Team ist erfolgreicher, je besser das Miteinander im Team funktioniert. Bringen Sie hierzu zunächst in Erfahrung, wie die „Stimmung" in der Marketingabteilung ist. Hier sollten Sie auch später am Ball bleiben, um Stimmungsschwankungen stets rechtzeitig erkennen zu können.

Gerade bei neu eingerichteten Marketingabteilungen ist es Ihre Aufgabe, einzelne Mitarbeiter zu einem Team zusammenzuschweißen. Die Marketingabteilung benötigt ein Wir-Gefühl, auch um die Interessen des Marketings in der abteilungsübergreifenden Zusammenarbeit im Unternehmen durchzusetzen. Ein starker Zusammenhalt ist aber auch notwendig, damit sich die Marketingmitarbeiter optimal gegenseitig unterstützen. Dies reicht vom offenen und schnellen Informationsaustausch bis zur gegenseitigen Hilfestellung bei der Lösung von Aufgaben.

Die Teambildung können Sie nicht erzwingen. Ein Team wächst aus gemeinsamen positiven Erfahrungen und Erfolgserlebnissen. Um ein Team aus Ihrer Mannschaft zu formen, müssen Sie deshalb den Teammitgliedern Möglichkeiten verschaffen, gemeinsam positive Erfahrungen und Erfolge zu sammeln. Definieren Sie hierzu arbeitsplatzübergreifende Aufgaben und übertragen

Sie diese zwei oder mehreren Marketingmitarbeitern. Erwähnen Sie die Erfolge dieser Arbeit bei den regelmäßigen Abteilungsbesprechungen. Loben Sie zudem stets auch Hilfestellungen der Marketingmitarbeiter untereinander, die Sie persönlich nicht veranlasst haben. Große Erfolge der Marketingabteilung sollten Sie gemeinsam mit allen Marketingmitarbeitern gebührend feiern. Laden Sie hierzu zum Beispiel die Mitarbeiter auf Ihre Kosten ein.

Sanktionieren Sie teamschädigendes Verhalten

Zur Führung Ihres Teams gehört weiterhin, dass Sie teamschädigendes Verhalten konsequent sanktionieren. Lassen Sie Konflikte zwischen Teammitgliedern nicht vor sich hinköcheln. Ignorieren Sie die Probleme nicht, sondern gehen Sie diese aktiv an. Nichts verdirbt die Stimmung im Team so schnell wie Konflikte der Teammitglieder untereinander. Niemand anderes als Sie selbst ist dafür verantwortlich, wenn Unzufriedenheit, Unruhe und Leistungsmängel aufgrund von Zwist im Team entstehen. Stellen Sie die Beteiligten zur Rede. Führen Sie mit diesen gemeinsam ein Mitarbeitergespräch, in dem Sie von ihnen Auskunft über das Vorgefallene einfordern und Ihre Unzufriedenheit mit der Situation klar und deutlich äußern. Machen Sie Druck. Fordern Sie gemeinsame Lösungsvorschläge von den Beteiligten ein. Am besten sind Lösungsvorschläge, die allen Seiten etwas abfordern. Beenden Sie das Mitarbeitergespräch nicht ohne brauchbare Lösungsvorschläge.

Verantwortungsübernahme

Nur ein Teil der Aufgaben der Marketingabteilung kann ohne weiteren Informationsaustausch von einzelnen Mitarbeitern isoliert erledigt werden. Die Mehrzahl der Aufgaben erfordert den Austausch und die Mitarbeit im Team. Um das bestmögliche Arbeitsergebnis zu erzielen ist es wichtig, dass sich ein Mitarbeiter für die übertragene Aufgaben persönlich verantwortlich fühlt. Da viele Aufgaben die Mitarbeit mehrerer erfordern, müssen sich alle daran Beteiligten persönlich mitverantwortlich fühlen. Das Arbeitsergebnis hängt direkt vom Engagement jedes beteiligten Mitarbeiters ab. Fördern Sie deshalb in der Marketingabteilung eine Kultur der Verantwortungsübernahme.

Kommunizieren Sie die Ziele und Aufgaben klar und motivieren Sie ihre Mitarbeiter hierfür. Es gibt eine Reihe von Möglichkeiten, wie Sie dies erreichen können.

Tipps, wie Sie Mitarbeiter zur Verantwortungsübernahme motivieren

➤ Übersetzen Sie die Ziele der Marketingabteilung gemeinsam mit den Mitarbeitern einvernehmlich in Ziele für deren eigenen Aufgabenbereich.

➤ Befähigen Sie Ihre Mitarbeiter, die gestellten Aufgaben zu erledigen.

➤ Stehen Sie für Hilfestellungen zur Verfügung, aber überlassen Sie den Lösungsweg dem Team.

➤ Schaffen Sie den Teammitgliedern Entscheidungsfreiräume.

➤ Akzeptieren Sie, dass Ihr Team Fehler produzieren kann.

➤ Schreiten Sie aktiv ein, wenn Sie Trittbrettfahrerverhalten, unproduktive Konflikte im Team oder einen mangelnden Austausch von Wissen im Team feststellen.

Ihr Ziel muss es sein, dass sich Ihre Mitarbeiter mit der Aufgabe identifizieren und auf das Arbeitsergebnis stolz sind. Eine solche Arbeitskultur fördert die Arbeitsfreude und sorgt dafür, dass Mitarbeiter neue Aufgaben selbst erkennen und von sich aus aktiv angehen.

3.2 Führungsmethoden des Marketingleiters

Ein Team lässt sich mittels drei Methoden führen:
1. durch Motivation
2. aufgrund von Einsicht und Pflicht
3. durch Herrschaft

Eine Führungskraft muss die Instrumente dieser drei Führungsmethoden beherrschen und flexibel einsetzen. Eine allein reicht nicht aus.

Führungsmethode Motivation

Die im Tagesgeschäft am häufigsten genutzte Methode ist die Motivation der Mitarbeiter. Dabei geht es darum, den Eigenantrieb des Mitarbeiters auf die Zielerreichung zu polen. Motivation funktioniert nur durch die Aktivierung eines bereits existierenden inneren Drangs, nicht durch die Erzeugung von außen.

Motive sind die zentralen Beweggründe und Antriebskräfte unseres Handelns. Alle unsere Handlungen können im Wesentlichen auf Motive zurückgeführt werden. Nur ein nicht voll befriedigtes Bedürfnis wirkt motivierend. Die Motivation zur Bedürfnisbefriedigung lässt rapide nach, wenn ein Mensch sich subjektiv der nachhaltigen und ausreichenden Bedürfnisbefriedigung sicher sein kann.

Jede Leistung hat Motivation als Grundbedingung. Nur wenn ausreichend Motivation vorhanden ist, die Person zur Bewältigung der Aufgabe befähigt und mit den notwendigen Handlungsrechten ausgestattet ist (dem „Dürfen"), kann Leistung entstehen. Insofern ist die Motivation des Mitarbeiters die Grundlage für gute Leistungen.

Setzen Sie Motivationsanreize

Bestimmen Sie in Ihrem neuen Unternehmen, bezüglich welcher Motive Sie Anreize setzen können und welche Motive Sie nicht oder nur teilweise erfüllen können.

In der Regel können Sie die persönliche, emotionale Bindung der Mitarbeiter an Ihr Team durch Ihre Führung stark beeinflussen. Auch das Arbeitsklima in der Marketingabteilung ist vor allem von Ihnen abhängig. Einen begrenzteren Gestaltungsrahmen haben Sie hinsichtlich der Aufgabenzuweisung und der Gewährung von Freiheitsgraden für den einzelnen Mitarbeiter. Auch die subjektive Sinnhaftigkeit der Arbeit, die Grundlage für den Werkstolz des Einzelnen ist, können Sie nur begrenzt beeinflussen. Außer in sehr personalstarken Marketingabteilungen mit zusätzlicher Hierarchiestufe können Sie Ihren Mitarbeitern oftmals nur sehr begrenzte Karriereperspektiven bieten. Am wenigsten können Sie als Führungskraft in der Regel die Sicherheit der Arbeitsplätze sowie die Vergütung Ihrer Mitarbeiter bei bestehendem Gehaltsniveau beeinflussen.

Die drei Motivationsinstrumente

Ihre Mitarbeiter können Sie mithilfe der folgenden drei Instrumente motivieren. Diese sind zeitlich in der aufgeführten Reihenfolge angewendet am wirkungsvollsten.

1. Integration des inneren Drangs

Hierbei geht es darum, die bereits bestehende, noch nicht auf eine neue Aufgabe ausgerichtete Motivation des Mitarbeiters zu nutzen. Der bestehende innere Drang kann sich aus den folgenden Motiven ableiten:

➤ materielle Versorgung,

➤ Status,

➤ Sicherheit,

- Beziehung (Beliebtheit, Harmonie),
- Anerkennung und Scheu vor Gesichtsverlust,
- Werkstolz auf die eigene Arbeit,
- Wissensdurst und Neugier,
- Macht und Einfluss und
- die Möglichkeit zur Selbstverwirklichung.

Verdeutlichen Sie dem Mitarbeiter, dass er sein persönliches Ziel erreicht, wenn er Ihrem Wunsch folgt. Das kann zum Beispiel die Anerkennung seiner Leistung sein, die er sich wünscht. Argumentieren Sie hierzu typgerecht. Seien Sie kreativ und geben Sie in Ihrer Argumentation nicht zu schnell auf.

2. Geben und Nehmen

Zeigt der Mitarbeiter sich resistent gegenüber Ihren oben beschriebenen Motivationsversuchen, handeln Sie mit ihm einen Deal aus. Stellen Sie zunächst klar, dass aus Ihrer Sicht das erwünschte Verhalten unter den gegebenen Umständen nicht zu viel verlangt ist. Bieten Sie ihm dann für das gewünschte Verhalten dennoch eine für ihn interessante Gegenleistung an.

3. Qualität des gemeinsamen Weges

Geht der Mitarbeiter nicht auf den angebotenen Deal ein, nutzen Sie den vorhandenen Teamgeist. Verdeutlichen Sie dem Mitarbeiter, dass nicht nur er persönlich, sondern auch andere Teammitglieder die Erfüllung der Aufgabe benötigen. Verwenden Sie Sätze wie „Wir wollen uns als Marketingteam doch nicht schlecht darstellen. Wenn die Aufgabe nicht erledigt wird, leiden wir als Team alle darunter." Oder: „Ich weiß, die Aufgabe ist nicht ungeheuer reizvoll, aber tun Sie mir bitte den Gefallen", „Wir kommen doch so gut miteinander zurecht, lassen Sie uns über dieses Thema doch nicht streiten". Das Instrument „Qualität des gemeinsamen Weges" funktioniert besonders gut bei integrativen Mitarbeitern.

Motivation ist die am häufigsten genutzte Methode der Führung. Dies liegt ganz einfach daran, dass die Arbeitsergebnisse motivierter Mitarbeiter und die Stimmung im Team durch Motivation erheblich besser sind als bei den anderen beiden Führungsmethoden. Zudem steigt Ihr Kontrollaufwand erheblich, wenn Sie die Führungsmethoden Einsicht und Pflicht oder Herrschaft einsetzen. Versuchen Sie deshalb intensiv, Mitarbeiter zu motivieren. Lassen Sie keine der drei beschriebenen Instrumente aus, um zum Ziel zu gelangen.

Führungsmethode Einsicht und Pflicht

Motivation findet im intensiven Dialog statt. Nur im Rahmen der Motivation sind inhaltliche Diskussionen sinnvoll. Lässt sich ein Mitarbeiter jedoch nicht motivieren, müssen Sie andere Saiten aufziehen. Hierzu bietet sich die Führungsmethode Einsicht und Pflicht an. Wenn Sie über Einsicht und Pflicht arbeiten müssen, sind ab sofort alle inhaltlichen Diskussionen und Spielchen konsequent zu unterbinden.

Erinnern Sie Ihre Mitarbeiter an ihre Pflicht

Weisen Sie den Mitarbeiter auf die mit seinem Status verbundenen Pflichten hin: „Als Geschäftsführer können Sie später einmal machen, was Sie wollen, als Marketingmitarbeiter in diesem Unternehmen haben Sie die Ihnen zugewiesenen Aufgaben zu erledigen." Verweisen Sie auf Kollegen, die ebenfalls unliebsame Aufgaben aktuell bearbeiten. Führen Sie Ihrem Mitarbeiter die bestehenden Regeln im Unternehmen beispielhaft vor Augen. Fordern Sie ihn auf, sich an diese Regeln wie jeder andere zu halten. Erzeugen Sie bei Ihrem Mitarbeiter die Einsicht für den Sinn und die Notwendigkeit für das gewünschte Verhalten.

Führungsmethode Herrschaft

Sie haben versucht, den Mitarbeiter zu motivieren; er ließ sich nicht darauf ein. Sie haben ihm seine Pflicht zur Aufgabenerfüllung verdeutlicht, er jedoch sieht seine Verpflichtung hierzu nicht ein. Welche Möglichkeiten bleiben Ihnen noch?

Prüfen Sie zunächst noch einmal selbstkritisch, ob Ihnen nicht ein Fehler bei der Anwendung der oben beschriebenen Führungsmethoden unterlaufen ist. Falls dies der Fall ist, versuchen Sie es erneut. Falls jedoch alle anderen Mittel ausgeschöpft wurden, ist es an der Zeit, die Sache einfach knallhart durchzusetzen.

Treffen Sie Anordnungen ohne Wenn und Aber

Weisen Sie den Mitarbeiter zunächst einmal darauf hin, dass Sie versucht haben, ihm die Aufgabe schmackhaft zu machen und ihn von der Notwendigkeit der Erfüllung zu überzeugen. Dulden Sie in diesem Zusammenhang keine inhaltlichen Diskussionen.

Sagen Sie klar und in bestimmtem Ton, was vom Mitarbeiter zu tun ist, zum Beispiel: „Das ist die Aufgabe. Ich erwarte, dass Sie das bis zum 28. Februar um 12 Uhr erledigt haben und das Ergebnis in Form eines erstklassigen Berichts auf meinem Tisch liegt." Verwenden Sie Ich-Botschaften. Weisen Sie den Mitarbeiter darauf hin, dass Sie die Erledigung einfordern und kontrollieren werden. Weisen Sie Ihren Mitarbeiter ebenfalls darauf hin, welche Konsequenzen und Sanktionen eine Nichterfüllung zur Folge haben wird.

Um die Führungsmethode Herrschaft jedoch überhaupt anwenden zu können, müssen vier Bedingungen gegeben sein:

- Sie selbst müssen eine genaue Vorstellung von dem Umfang und der Art der Aufgabe sowie dem Zeitbedarf für ihre Erledigung haben.
- Sie benötigen Instrumente, um Druck ausüben zu können.
- Die Aufgabe muss klar und deutlich definiert sein.
- Eine Kontrollmöglichkeit muss gegeben sein.

Vergewissern Sie sich, dass diese Bedingungen erfüllt sind, bevor Sie Herrschaft als Führungsmethode anwenden.

3.3 Die Vorbildfunktion der Führungskraft

In der Managementpraxis wird Mitarbeiterführung heute vor allem als Planungs-, Steuerungs- und Kontrollaufgabe verstanden. Mitarbeiterführung in diesem Sinne bedeutet vor allem die Aufgabenvermittlung, die Anleitung der Mitarbeiter bei der Umsetzung und die Kontrolle der Arbeitsergebnisse. Neben der Erledigung von Fachaufgaben im Tagesgeschäft wird die Personalführung in Form von Personalgesprächen insbesondere bei „Störfällen" gesehen.

Viel zu wenig Gewicht wird in der Regel auf das gelegt, was in der US-amerikanischen Unternehmenskultur als Leadership verstanden wird. Als Leadership wird ein Führungsverhalten bezeichnet, das unter anderem das Vorleben einer klar definierten Vision, die Motivation der Mitarbeiter und die Vorbildfunktion des Vorgesetzten in den Mittelpunkt stellt.

Gehen Sie mit gutem Beispiel voran

Um das Maximum an Leistung und Arbeitsfreude in Ihrer Abteilung zu realisieren, müssen Sie Ihrer Vorbildfunktion gerecht werden. Rekapitulieren Sie kurz für sich, welche Eigenschaften und Verhaltensweisen Sie selbst von einer guten Führungskraft erwarten. Handeln Sie danach.

Stets vorbildlich zu handeln fällt vielen Führungskräften nicht leicht. Oft ist eine entgegenstehende Eigenmotivation der Führungskräfte der Grund hierfür. In psychologischen Untersuchungen wurde mehrfach die Motivstruktur erfolgreicher Führungskräfte erhoben. Es galt die Frage zu beantworten, welche Motivationsstruktur erfolgreiche Führungskräfte auszeichnet. Die Ergebnisse sind recht aufschlussreich: So streben erfolgreiche Führungskräfte vorrangig nach Macht und Einfluss. Diese Motivgruppe hat mit 50 Prozent in der Regel den höchsten Anteil. Mit 30 Prozent wurde bei erfolgreichen Führungskräften das Leistungsmotiv als zweitwichtigstes Motiv bestimmt. Nur zu 20 Prozent waren die einbezogenen Führungskräfte durch das Kontaktbedürfnis motiviert, das auch das Bedürfnis nach Wertschätzung beinhaltete.

Versuchen Sie mit gutem Beispiel gegenzusteuern. Leben Sie das vor, was Sie auch von anderen erwarten. Hinterfragen Sie selbst Ihr Handeln regelmäßig kritisch und nehmen Sie die Kritik Ihnen nahe stehender Personen ernst.

3.4 Führungsverhalten gegenüber unterschiedlichen Mitarbeitertypen

Selbstverständlich ist jeder Mensch einzigartig. Jedoch lassen sich Mitarbeiter aufgrund Ihrer Eigenschaften durchaus typisieren. Hierzu werden Normtypologien aus der Psychologie genutzt. Davon ausgehend lässt sich das Führungsverhalten gegenüber unterschiedlichen Mitarbeitertypen definieren.

So führen Sie den Analytiker

Der Analytiker ist ein stark aufgabenorientierter Mensch. Er arbeitet methodisch, strukturiert und gründlich. Der Analytiker neigt stark zur Spezialisierung. Im Umgang mit anderen ist er korrekt und zurückhaltend. Er legt oftmals geringen Wert auf Äußerlichkeiten.

Als Führungskraft sollten Sie ihn als fachkompetent anerkennen und ihm inhaltlich anspruchsvolle Aufgaben übertragen. Arbeiten, die geringe Teamarbeit erfordern, sind ideal für diesen Mitarbeitertyp. Diesem Mitarbeiter können Sie eine große Freude machen, wenn Sie ihm sehr gute Arbeitsmittel und Budgets sowie Fortbildungsmöglichkeiten zur Verfügung stellen.

So führen Sie den Expressiven

Der Expressive ist ein emotionaler und leicht begeisterungsfähiger Mensch. Er blickt optimistisch in die Zukunft. Der Expressive steht gern im Mittelpunkt, sucht die Aufmerksamkeit anderer und stellt sich als Mittel zum Zweck auffällig dar. Statussymbole helfen ihm dabei.

Als Führungskraft sollten Sie dem Expressiven Raum zur Selbstdarstellung geben. Belohnen Sie geleistete Arbeit bei diesem Mitarbeitertyp in besonderer Form. Übergeben Sie diesem Mitarbeiter Teamaufgaben, wobei Sie ihm ruhig die Teamleiterfunktion zuerkennen können. Lassen Sie dem Expressiven genügend Raum für kreative Lösungen.

So führen Sie den Beständigen

Der Beständige ist sensibel und hilfsbereit. Er verhält sich unauffällig, berechenbar und ist verlässlich. Sicherheitsorientiert agiert er lieber zurückhaltend. Der Beständige ist beziehungsorientiert und diplomatisch.

Als Führungskraft sollten Sie ihm klar definierte Aufgaben langfristig übertragen. Das können ruhig einfache Routineaufgaben sein. Der Beständige arbeitet mit Vorliebe vertraute Aufgaben ab. Bieten Sie bei Neuerungen Ihre Hilfe an. Zeigen Sie diesem Mitarbeiter, dass er als verlässliches und stabilisierendes Mitglied im Team wichtig ist. Geben Sie ihm Gelegenheit, anderen zu helfen.

So führen Sie den Macher

Der Macher ist selbstsicher und will Dinge bewegen. Zielstrebigkeit und Ergebnisorientierung zeichnen ihn aus. Der Macher sucht die Herausforderung und ist wettbewerbsorientiert. Mit seiner Willensstärke drückt er andere auch schon einmal an die Wand und „macht Druck".

Als Führungskraft sollten Sie ihm Verantwortung und, falls möglich, Führungsaufgaben übertragen. Geben Sie ihm Gelegenheit, Erfolge zu erarbeiten. Korrigieren Sie sozial unerwünschtes Verhalten und machen Sie ihm die Bedeutung unterschiedlicher Mitarbeitertypen für das Team deutlich. Klären Sie zudem gleich zu Beginn die Hackordnung im Team. Gibt es Probleme, argumentieren Sie mit kalter Logik und handeln Sie konsequent.

3.5 Mitarbeiter einschätzen und beurteilen

In der Persönlichkeitspsychologie wird heute vorwiegend das Fünf-Faktoren-Modell von Waren T. Norman als Grundlage für die Kategorisierung menschlichen Verhaltens verwendet. Dieses Modell ist zugleich Grundlage für verschiedene Persönlichkeitstests (empfehlenswert: das DISG-Verhaltensprofil von Geier und Downey).

Die grundlegenden **fünf Faktoren** des Modells sind:

1. Grad an Offenheit:

Der Faktor Offenheit wird auf einer Skala bestimmt, dessen Extreme sich mit den Begriffen „erfahrungsoffen" sowie „inflexibel" beschreiben lassen. Erfahrungsoffene Menschen sind wissbegierig und fantasievoll, suchen nach geistigen Herausforderungen, interessieren sich in der Regel für Kunst und Philosophie und zeigen wenig extreme Charaktereigenschaften. Inflexible Persönlichkeiten sind hingegen fantasielos, traditionsgebunden, engstirnig und haben einen engen Horizont.

2. Soziale Verträglichkeit:

Die soziale Verträglichkeit ist das zweite Charakteristikum in diesem Modell. Als sozial verträglich gilt, wer eine positive Grundeinstellung lebt, rücksichtsvoll und warmherzig ist und ein ausgeprägtes Mitgefühl für Schwächere zeigt. Hingegen sind sozial unverträgliche Menschen solche, die sich durch die Eigenschaften „egoistisch", „kaltherzig", „grob", „misstrauisch" und „rücksichtslos" beschreiben lassen.

3. Gewissenhaftigkeit:

Der Faktor Gewissenhaftigkeit wird durch die Extreme „zuverlässig" und „unzuverlässig" gekennzeichnet. Zuverlässige Menschen sind sorgfältig und genau, zielstrebig und diszipliniert. Sie planen ihr Vorgehen und sind anpassungsfähig. Unzuverlässige

Menschen lassen sich hingegen am besten mit den Attributen „verantwortungslos", „nachlässig", „planlos" und „spontan" beschreiben.

4. Extraversion:

Mit dem Faktor Extraversion wird die Extrovertiertheit/Introvertiertheit eines Menschen bestimmt. Extrovertierte Menschen sind selbstbewusst, gesellig und unterhaltsam. Introvertierte Menschen sind schweigsam, scheu, in sich gekehrt, nachdenklich und arbeiten gern allein.

5. Emotionale Stabilität:

Auch die emotionale Stabilität wird mittels einer Skala bestimmt. Das eine Extrem kennzeichnet emotional sehr stabile Menschen, die stressresistent und entspannt sowie selbstsicher, zuverlässig und leistungsfähig sind. Emotional instabile Menschen sind dagegen oftmals ängstlich, nervös und gehemmt. Sie zweifeln an sich selbst, sind verletzlich, schwermütig und neigen gelegentlich zu Depressionen.

Als Führungskraft müssen Sie ein möglichst objektives Bild von der Persönlichkeit der Ihnen anvertrauten Mitarbeiter entwickeln. Tun Sie dies am besten in regelmäßigen Zeitabständen zuhause schriftlich. Nach Ihrem Einstieg in das Unternehmen erfahren Sie mit der Zeit immer mehr über Ihre Mitarbeiter. Nutzen Sie diese Erfahrungen, um in regelmäßigen Zeitabständen Ihr Bild von Ihren Mitarbeitern zu überprüfen und zu verfeinern.

Wie können Sie nun die so gewonnenen Erkenntnisse für die gemeinsame Arbeit nutzen? Zunächst einmal werden Sie einsehen müssen, dass Sie die Persönlichkeit Ihrer Mitarbeiter nicht ändern können. Nehmen Sie diese im Guten und im Schlechten der Einfachheit halber als gegeben hin und versuchen Sie, aus Ihren Mitarbeitern das Beste herauszuholen – oder, falls unumgänglich, sich von ihnen zu trennen.

Die Kenntnis über die persönlichen Eigenschaften Ihrer Mitarbeiter kann Ihnen jedoch helfen, den einzelnen Teammitgliedern die Ihrer Persönlichkeit am besten entsprechenden Aufgaben zu übertragen. Durch eine solche persönlichkeitsgerechte Verteilung von Aufgaben lassen sich die Arbeitsergebnisse meist wesentlich verbessern.

Zudem kann Ihnen die gute Kenntnis der Persönlichkeit eines Mitarbeiters helfen, diesen besser zu führen: Die Arbeitsergebnisse gewissenhafter Mitarbeiter müssen Sie beispielsweise weitaus weniger gründlich prüfen. Extrovertierte Mitarbeiter eignen sich hervorragend für die Präsentation von Abteilungsergebnissen im Unternehmen. Emotional eher instabilen Mitarbeitern dürfen Sie die Leitung eine Projekts nicht anvertrauen. Inflexible Mitarbeiter eignen sich vor allem für Routineaufgaben und weniger für die Erarbeitung kreativer Lösungen bei Schnittstellenproblemen mit anderen Abteilungen.

Machen Sie sich bei Beurteilungen stets bewusst, dass Sie Ihre Einschätzung anderer Menschen stets auf einer sehr beschränkten Informationsbasis vornehmen. Zum einen steht Ihnen zur Urteilsfindung nur begrenzte Zeit zur Verfügung. Zum zweiten selektiert Ihr Unterbewusstsein bereits bestimmte Schlüsselreize und Informationen. Zum dritten werden diese selektiven Wahrnehmungen dann oft in vorhandenen Denkschemata und stimmungsabhängig ausgewertet.

Der erste Eindruck zählt. Bemühen Sie sich dennoch, den ersten Eindruck kritisch zu hinterfragen, um Wahrnehmungs- und Beurteilungsfehler zu reduzieren. Bedenken Sie dabei insbesondere, dass die Faktoren Ähnlichkeit, positive Erfahrungen in der Vergangenheit und ein unbewusstes Wunschdenken oftmals zu einem Sympathieeffekt führen, der Ihre Beurteilung ungewollt beeinflusst.

3.6 Delegation als Führungsinstrument

Richtige Delegation entlastet Sie als Vorgesetzten und gibt Ihnen zeitlichen Freiraum für andere Aufgaben. Zudem ist die Delegation gleichzeitig eine Motivation für Ihre Mitarbeiter. In diesem Sinne führt Delegation mittelfristig zu einer Kompetenzausweitung der Mitarbeiter. Durch Delegation heben Sie das Fähigkeitspotenzial in Ihrem Team und damit zugleich die Leistungsfähigkeit der Marketingabteilung.

Bei der Delegation werden jedoch häufig eine Reihe von Fehlern gemacht, die Sie tunlichst vermeiden sollten.

Die häufigsten Fehler beim Delegieren

- Missverständnisse aufgrund unklarer Aufgabenstellung
- Doppeldelegation derselben Aufgabe an mehrere Mitarbeiter
- Zulassen der Weiterdelegation von Aufgaben
- unklare oder keine Terminsetzung
- mangelhafte Kontrollen und Feedback-Gespräche
- keine Übertragung der erforderlichen Handlungsrechte
- fehlende Abstimmung über das Vorgehen zur Aufgabenbewältigung
- Hineinregieren in die Bearbeitung
- kurzfristige Delegation zwischen „Tür und Angel"
- zu enge Terminvorgaben
- Angst des Mitarbeiters vor Rückfragen aufgrund eines hierarchisch geprägten Führungsstils

Beachten Sie die für eine gelungene Delegation entscheidenden Erfolgsfaktoren.

Erfolgsfaktoren der Delegation

➤ Bestimmen Sie den Aufgabenumfang und die dabei zu erwartenden Herausforderungen möglichst genau.

➤ Bestimmen und kommunizieren Sie eindeutig das angestrebte Arbeitsergebnis.

➤ Wählen Sie den richtigen Mitarbeiter für die Aufgabe aus. Der Mitarbeiter muss die notwendigen Kenntnisse und Fähigkeiten zur Bewältigung der Aufgabe besitzen. Die übertragene Aufgabe darf ihn nicht überfordern.

➤ Geben Sie dem Mitarbeiter die notwendigen Handlungsrechte und Hilfsmittel, um die übertragene Aufgabe möglichst selbstständig bearbeiten zu können.

➤ Nehmen Sie sich ausreichend Zeit, um mit dem Mitarbeiter gemeinsam das Vorgehen bei der Bearbeitung der übertragenen Aufgabe zu klären. Was ist dabei alles zu beachten? Welche Instrumente sollen angewendet werden? Welche Lösungswege waren in der Vergangenheit bei vergleichbaren Aufgaben erfolgreich?

➤ Einigen Sie sich mit dem Mitarbeiter nach der Festlegung des Vorgehens zur Bewältigung der übertragenen Aufgaben auf einen Zeitplan, in dem der Abschluss wichtiger Teilziele mit Datum festzulegen ist.

➤ Kontrollieren Sie das Erreichen wichtiger Teilziele, wo sinnvoll und notwendig.

➤ Bewahren Sie Selbstdisziplin: Delegation ist das Übertragen von Verantwortung. Pfuschen Sie Ihren Mitarbeitern deshalb nicht ins Handwerk. Unnötige Eingriffe Ihrerseits bewirken Demotivation der Mitarbeiter. Falls es Sie in den Fingern juckt, halten Sie sich trotzdem zurück und denken Sie an den folgenden Ausspruch von Winston Churchill: „Ein kluger Mann macht nicht alle Fehler selbst. Er gibt auch anderen eine Chance."

3.7 Mitarbeitergespräche als Führungsinstrument

Die Wahrnehmung von Menschen ist höchst subjektiv. Um Fehleinschätzungen zu vermeiden und damit Ihrer Führungsaufgabe gerecht werden zu können, sollten Sie bei der Beurteilung von Mitarbeitern auf eine möglichst breite Informationsbasis zurückgreifen können. Informationen zu einzelnen Mitarbeitern können Sie auf folgenden Wegen erlangen:

- allgemeine Mitarbeitergespräche im Arbeitsalltag
- Gespräche mit Ihrem Mitarbeiter über dessen private Situation
- Gespräche über Mitarbeiter mit Leiterkollegen, die diese in verschiedenen Teamsituationen erleben konnten
- Bewertungen der Personalabteilung
- Personalentwicklungsgespräche
- Stärken- und Schwächenprofile
- Potenzialanalysen

Um Menschen langfristig erfolgreich führen zu können, benötigen Sie deren Vertrauen. Sie müssen zudem die Wünsche, Sorgen und Nöte Ihrer Mitarbeiter kennen.

Meiden Sie Personalprobleme nicht, denn ansonsten wuchern diese ungehemmt weiter. Ihre Führungsaufgabe ist es, Personalthemen mit dem notwendigen Fingerspitzengefühl offensiv anzugehen, um die Leistungsfähigkeit Ihres Teams nicht zu beeinträchtigen.

Bereiten Sie sich auf Mitarbeitergespräche gründlich mit der folgenden Checkliste vor.

Checkliste: Mitarbeitergespräche

➤ Haben Sie Anlass, Inhalt und Ziel des Gesprächs festgelegt?

Anlass: _____

_____

Inhalt: _____

_____

Ziel: _____

_____

➤ Welche Gesprächsergebnisse/Teilziele wollen Sie mit dem Gespräch erreichen?

Teilziele: _____

_____

Gesprächsergebnis: _____

_____

➤ Kennen Sie die Stärken und Schwächen Ihres Mitarbeiters sowie die aktuellen Aufgaben und ggf. Probleme des Mitarbeiters ausreichend?

Stärken: _____

_____

Schwächen: _____

_____

aktuelle Probleme: _____

_____

Fortsetzung Checkliste: Mitarbeitergespräche

➤ Kennen Sie die möglichen Widerstände des Gesprächspartners? Entscheiden Sie sich – dies berücksichtigend – für den angestrebten Gesprächsablauf und die Form der Gesprächsführung.

Mögliche Widerstände: _____

_____

Gesprächsablauf: _____

_____

Form der Gesprächsführung: _____

_____

➤ Haben Sie Ihren Mitarbeiter über den Anlass und den Inhalt des Gesprächs informiert? (Stimmen Sie sich mit dem betroffenen Mitarbeiter über das Datum, die Zeitdauer und den Ort des Gesprächs ab.)

_____

_____

➤ Ist der Zeitpunkt günstig gewählt und eine ausreichende Zeitdauer eingeplant?

Ja, weil _____

_____

➤ Findet das Gespräch in einem ruhigen, störungsfreien Umfeld statt? (Stellen Sie Ihr Telefon bei Mitarbeitergesprächen konsequent um.)

Telefon umgestellt?　　　　　　　　　　Ja ❑　　Nein ❑

➤ Ist für eine hierarchiefreie Platzierung gesorgt? (Der Gesprächspartner sollte sich möglichst frei und ungezwungen fühlen.)

　　　　　　　　　　　　　　　　　　　　Ja ❑　　Nein ❑

➤ Bemühen Sie sich um Objektivität und Fairness.

➤ Sorgen Sie für Getränke.

> **Fortsetzung Checkliste: Mitarbeitergespräche**
>
> ➤ Bereiten Sie Unterlagen für Ihre Besprechung in zweifacher Ausfertigung vor. Überreichen Sie zu besprechende Unterlagen an Ihren Mitarbeiter.
>
> *Unterlagen vorbereitet?*   *Ja* ❏   *Nein* ❏
>
> ➤ Fassen Sie am Ende des Gesprächs die Ergebnisse (Aufgaben, Hilfestellungen, Folgemaßnahmen) zusammen. Halten Sie diese am besten schriftlich fest und händigen Sie ihrem Gesprächspartner das Ergebnisprotokoll später aus.
>
> *Ergebnisprotokoll angefertigt?*   *Ja* ❏   *Nein* ❏
>
> ➤ Sorgen Sie für einen überzeugend positiven Gesprächsabschluss.

In Personalgesprächen geht es zum Teil auch darum, unzureichende Arbeitsergebnisse und Fehlverhalten von Mitarbeitern mit dem Ziel der Besserung in der Zukunft anzusprechen. Umso wichtiger ist das richtige Gesprächsverhalten.

So gelingt das Personalgespräch

Nehmen Sie sich die folgenden Punkte zu Herzen:

- Ihr Mitarbeiter ist kein Untergebener, sondern ein Mensch mit Bedürfnissen, Motiven und einer eigenen Sicht der Dinge. Achten Sie Ihren Mitarbeiter als Menschen und bringen Sie ihm den gebührenden Respekt entgegen. Ihr Verhalten in diesem Punkt muss beispielhaft sein.
- Vom Vorgesetzten wird die Gesprächsführung erwartet. Gesprächsführung bedeutet Gesprächssteuerung. Achten Sie dabei darauf, eine von Vertrauen geprägte, positive Atmosphäre zu schaffen und dem Mitarbeiter ausreichend Freiraum zur Äußerung seiner eigenen Ideen, Gefühle und Ansichten zu geben.
- Gesprächsführung bedeutet, das Gespräch sinnvoll zu steuern, nicht jedoch den Mitarbeiter unter den Tisch zu reden. Vielmehr ist das Ziel Ihrer Gesprächsführung, den Mitarbeiter zu neuen Einsichten, Ideen und Zielen zu bewegen. Diese muss er aktiv, auch durch Reden, entwickeln können. Achten Sie darauf, dass der Gesprächsanteil Ihres Mitarbeiters nicht unter 60 Prozent liegt.
- Mitarbeitergespräche sollen für alle Beteiligten ein Gewinn sein. Achten Sie darauf, dass das Gesprächsergebnis auch vom Mitarbeiter eingebrachte Wünsche/Forderungen beinhaltet. Die Motivation des Mitarbeiters, das Gesprächsergebnis umzusetzen, ist in solchen Fällen vergleichsweise hoch.
- Eine Führungskraft muss glaubwürdig sein, um das Vertrauen der Mitarbeiter zu gewinnen. Seien Sie zu 100 Prozent ehrlich und authentisch.
- Führen Sie das Gespräch nicht unter Zeitdruck. Seien Sie geduldig und lassen Sie auch Sprechpausen zu.
- Wird das Machtgefälle zwischen Führungskraft und Mitarbeiter deutlich, schwindet die Offenheit des Gesprächspartners. Vermeiden Sie deshalb durch geeignete Formulierungen verkrampfte Gesprächssituationen. Begeben Sie sich in das Gespräch als gleichberechtigte Gesprächspartner. Formulieren Sie beispielsweise Negatives nicht in Form von Du-Botschaften, sondern in Form von Ich-Botschaften. Beispiel: „Ich habe aufgrund Ihrer schlechten Leistungen in den letzten Tagen den Eindruck gewonnen, dass Sie irgendetwas belastet. Stimmt das oder gibt es einen anderen Grund?"

In der Regel können Mitarbeiter Kritik an der erbrachten Leistung und ihrem Verhalten von der Kritik an ihrer Person rational trennen. Emotional wird Kritik an der Leistung aber vielfach als Kritik an der eigenen Person empfunden. Kritik verursacht Selbstzweifel und Angst, verunsichert und weckt Unverständnis, Widerstand und Wut. Deshalb müssen Sie in Kritikgesprächen damit rechnen, dass Mitarbeiter die geübte Kritik emotional unterschiedlich stark auch als persönlichen Angriff empfinden werden.

Führen Sie ein Kritikgespräch als besondere Form des Mitarbeitergesprächs deshalb stets nach folgender Checkliste.

Checkliste: Kritikgespräch

- Beginnen Sie das Kritikgespräch positiv.
- Sprechen Sie das Problem offen an.
- Sprechen Sie den Mitarbeiter direkt und gleichberechtigt an.
- Beschreiben Sie das Fehlverhalten und dessen Konsequenzen genau.
- Zeigen Sie alternativ positives Verhalten auf.
- Bieten Sie Hilfestellung und Ratschläge an, zwingen Sie diese dem Mitarbeiter jedoch nicht auf.
- Vermeiden Sie konsequent Übertreibungen, Verallgemeinerungen, Interpretationen, Ironie, Sarkasmus, Beleidigungen, Andeutungen und Drohungen.

Seien Sie sich in Ihren Gesprächen der Tatsache bewusst, dass sich ein Mangel an Fachwissen am leichtesten beheben lässt. Um einiges schwieriger ist es, dauerhafte Verhaltensänderungen bei Mitarbeitern zu erzeugen. Machen Sie sich zudem bewusst, dass es Ihnen durch Gespräche und Maßnahmen in fast keinem Fall gelingen kann, die Persönlichkeitsmerkmale Ihrer Mitarbeiter zu verändern.

So setzen Sie sich für ein Kritikgespräch klare Ziele

➤ Führen Sie ein Kritikgespräch immer zeitnah zur mangelhaften Leistung.

➤ Führen Sie das Kritikgespräch unter vier Augen nur mit dem Betroffenen.

➤ Eröffnen Sie das Gespräch, indem Sie sowohl Ihre Anerkennung als auch Ihre Kritik an Verhalten bzw. Leistung des Mitarbeiters aussprechen. Denn Kritik allein demotiviert, während Kritik mit der gleichzeitigen Vermittlung von Anerkennung zu einer Änderung des Verhaltens oder der Leistung anregt.

➤ Bleiben Sie beim Thema und führen Sie das Gespräch zielgerichtet.

➤ Verdeutlichen Sie die Ursache der Kritik zweifelsfrei und beseitigen Sie Unklarheiten.

➤ Der Mitarbeiter muss sein Fehlverhalten einsehen.

➤ Stellen Sie sicher, dass der Mitarbeiter das erwartete, „richtige" Verhalten oder Handeln klar erkennt. Fordern Sie den Mitarbeiter zu diesem richtigen Verhalten bzw. Handeln auf.

➤ Der Mitarbeiter muss sich verpflichten, sich in Zukunft um „richtiges" Verhalten und Handeln zu bemühen. Halten Sie die dafür notwendigen Maßnahmen und bei Bedarf Kontrollen gemeinsam verbindlich und schriftlich fest.

➤ Fassen Sie am Gesprächsende die Ergebnisse zusammen und kündigen Sie ein zweites Gespräch zum gleichen Thema in ein bis zwei Monaten an. Der Zeitpunkt des Folgegesprächs sollte nicht zu kurzfristig gewählt werden. Der Mitarbeiter benötigt Zeit, um die Kritik zu verarbeiten.

➤ Kontrollieren Sie in dem Folgegespräch gemeinsam, ob sich das kritisierte Verhalten/Handeln geändert hat. Bestimmen Sie in diesem Gespräch das weitere Vorgehen, falls noch keine vollständige Korrektur stattgefunden hat.

3.8 Veränderungsprozesse in der Marketingabteilung gestalten

In jedem Wandel lassen sich verschiedene Haltungen und Reaktionen unterschiedlicher Typen von Mitarbeitern unterscheiden.

Belohnen Sie die Begeisterten

In der Regel gibt es immer einen kleinen Prozentsatz von Mitarbeitern, die eine grundsätzlich positive Einstellung haben, Veränderungen weniger stark hinterfragen und sie bereits nach kurzer Zeit ohne größere Einflussnahme „von oben" für gut befinden und annehmen. Diese Begeisterten helfen Ihnen, Veränderungen voranzutreiben, verfügen aber in der Regel oftmals auch über einen geringen Einfluss in der Gruppe. Ihr Ziel in Veränderungsprozessen muss es sein, diese Gruppe der Mitarbeiter zu motivieren und zu belohnen.

Verpflichten Sie Zauderer zur Mitarbeit

Der weitaus größte Teil der Mitarbeiter zählt jedoch oftmals zu den Zauderern, die Veränderungen skeptisch begegnen. Diese sehen vielfältige vermeintliche und echte Probleme, die durch Veränderungen für ihre gewohnten Arbeitsprozesse entstehen. Zauderer ziehen nicht mit, haben persönlich aber auch wenig Einfluss auf andere Mitarbeiter. Ihr Ziel in Veränderungsprozessen muss es sein, diese Mitarbeiter einzeln zu motivieren und mitzuziehen. Sie müssen diese Mitarbeiter für die Veränderung gewinnen und Sie zur Mitarbeit daran verpflichten. Der erfolgreiche Wandel ehemaliger Zauderer zu Mitarbeitern, die sich nunmehr aktiv an der Veränderung beteiligen, muss belohnt werden. Damit wird das positive Verhalten gefestigt und verstärkt. Zudem wird allen anderen Zauderern dadurch ein deutliches Zeichen gegeben, dass sich die Mitarbeit an der Veränderung lohnt.

Bestrafen Sie Blockierer

In vielen Veränderungsprozessen bildet sich weiterhin eine Gruppe von Blockierern heraus. Diese Gruppe hat oftmals großen Einfluss insbesondere auf die Zauderer und stellt ein Problem für den Veränderungsprozess dar. Umso wichtiger ist es, Blockierer rechtzeitig in ihrer Wirkung einzudämmen und sichtbar für die Zauderer zu bestrafen.

Sagen Sie klipp und klar, was Sache ist

Erklären Sie Ihrer Mannschaft die Gründe für eine Veränderung und die positiven Effekte, die damit realisiert werden. Zeigen Sie Ihren Mitarbeitern aber auch die negativen Konsequenzen, die zwangsläufig ohne die Umsetzung der Veränderung folgen werden. Machen Sie dem Team die negativen Konsequenzen bewusst, die jeder persönlich durch das Nichthandeln zu tragen hätte. Erzeugen Sie Leidensdruck. Reden Sie Tacheles.

3.9 Spitzenleistung durch gute Teamarbeit

Um das Optimum aus Ihrem Team herauszuholen, sollten Sie die Voraussetzungen für eine positive Gruppendynamik schaffen und den entsprechenden Umgang miteinander pflegen. Dies erreichen Sie, wenn Sie einige grundlegende Hinweise beachten.

So schaffen Sie eine positive Arbeitskultur

➤ Begeistern Sie sich selbst für Ihre Arbeit, um andere begeistern zu können.

➤ Sorgen Sie für einen regelmäßigen intensiven Austausch von Überlegungen und Kenntnissen in Ihrem Team. Institutionalisieren Sie diesen Prozess, indem Sie regelmäßige Meetings zu einzelnen Fachthemen – zum Beispiel vor jeder Preisrunde oder jeder Werbekampagne – marketingintern durchführen. Zudem sollten Sie regelmäßige Abteilungsbesprechungen mit allen Marketingmitarbeitern abhalten. Verdeutlichen Sie, wofür die Marketingabteilung steht und welche Ziele verfolgt werden.

➤ Nutzen Sie die individuellen Stärken Ihrer Mannschaft. Stellen Sie klar, dass alle Mitarbeiter und damit Mitarbeitertypen für das Funktionieren eines Teams wichtig sind. Fördern Sie den gezielten Erfahrungsaustausch durch Fragetechniken. Ermutigen Sie einzelne Mitarbeiter, Ihre persönlichen Stärken weiterzuentwickeln und abweichende Meinungen offen zu äußern.

➤ Entwickeln Sie eine gemeinsame Vision mit Ihrem Team. Niemand hat es so schön gesagt wie Antoine de Saint-Exupéry: „Wenn du ein Schiff bauen willst, dann rufe nicht die Menschen zusammen, um Pläne zu machen, Arbeit zu verteilen, Werkzeuge zu holen und Holz zu schlagen, sondern lehre sie die Sehnsucht nach dem weiten, endlosen Meer. Dann bauen sie das Schiff von ganz alleine." Falls es in Ihrem Unternehmen keine übergreifende Vision gibt, können Sie damit beginnen, eine eigene Vision für Ihre Abteilung zu schaffen. Eine gemeinsame Vision schafft Orientierung und bündelt die Kräfte des Teams auf ein Ziel hin. Visionen, die überzeugen, schaffen Motivation und Arbeitsfreude.

4. Ausgewählte Schwerpunktthemen der ersten 100 Tage

Innerhalb der ersten 100 Tage werden Sie die gesamte Bandbreite der Aufgaben Ihrer Abteilung analysieren, neu definieren und bei deren Bearbeitung Veränderungen durchsetzen müssen. Ob Produktmanagement, Werbung, PR, Sponsoring, Preis- und Rabattpolitik, Marktforschung und Distributionspolitik – zu jedem Marketingthema ist zur Unterstützung reichlich Fachliteratur vorhanden.

Hier eine Auswahl der Themen, mit denen Sie als Marketingleiter in den ersten 100 Tagen konfrontiert werden.

4.1 Das integrierte Kommunikationskonzept

Um die Wirksamkeit Ihrer Kommunikationsarbeit zu maximieren, benötigen Sie ein Kommunikationskonzept aus einem Guss. Ein integriertes Kommunikationskonzept optimiert das Zusammenspiel zwischen Werbung, PR und interner Kommunikation. Die zu kommunizierenden Inhalte müssen bei der Vermarktung von Produkten übereinstimmen.

Die Vorteile integrierter Kommunikationskonzepte sind im Wesentlichen:

➤ hohe Wiedererkennung

➤ bestmöglicher Weg zur Übermittlung der Werbebotschaft

➤ höhere Glaubwürdigkeit, da Widersprüche konsequent vermieden werden

➤ Beitrag zur Markenbildung und Schärfung des Images

➤ optimaler Einsatz von Werbebudgets

Vielfach fehlt in den Unternehmen jedoch der Koordinator für die Kommunikationsaufgaben. Kommunikation ist in vielen Unternehmen eben nicht „Chefsache", die Bedeutung der Unternehmenskommunikation für den Markterfolg wird daher oft nicht erkannt. In einigen Fällen werden Kommunikationsaufgaben (Werbung, Public Relations, Investor Relations, Sponsoring, interne Kommunikation) auch von verschiedenen Abteilungen eines Unternehmens wahrgenommen. Dies erzeugt zusätzlichen Abstimmungsbedarf. Auch erfolgt zumeist eine mangelhafte oder keine Ergebniskontrolle.

Kommunikation ist Ihr ureigenstes Aufgabengebiet. Übernehmen Sie deshalb die Führung bei der Entwicklung eines integrierten Kommunikationskonzepts:

Checkliste: Entwicklung eines integrierten Kommunikationskonzepts

➤ Definieren Sie im Rahmen eines integrierten Kommunikationskonzepts die Empfänger der Botschaft (Kunden, Mitarbeiter, Investoren, Multiplikatoren).

Kunden: _____

Mitarbeiter: _____

Investoren: _____

Multiplikatoren: _____

➤ Achten Sie hinsichtlich der internen Kommunikation darauf, dass die Mitarbeiter in allen Abteilungen des Unternehmens zu den Empfängern der Botschaft zu zählen sind. Sie benötigen in allen Abteilungen einen Kommunikator, der die vom Marketing vorgegebenen Kommunikationsinhalte top-down an die Mitarbeiter weitergibt.

Abteilung 1: _____

Abteilung 2: _____

Abteilung 3: _____

Abteilung 4: _____

Abteilung X: _____

➤ Bestimmen Sie gemeinsame Werte.

Gemeinsame Werte: _____
_____

➤ Bringen Sie die zentralen Kernbotschaften auf den Punkt und halten Sie diese schriftlich fest.

Kernbotschaft: _____
_____

Fortsetzung Checkliste: Entwicklung eines integrierten Kommunikationskonzepts

➤ Bestimmen Sie das zu verwendende Wording. Kommunikationskonzepte bedürfen einer ungebrochenen Tonality.

Wording: _____

_____

➤ Schöpfen Sie aus der internen (Personalia, Team Spirit, Reorganisation etc.) und der externen Kommunikation (neue Werbekampagne, neue Produkte etc.) Themen für Ihre Pressearbeit.

Themen: _____

_____

➤ Informieren Sie auch unternehmensintern über Pressemeldungen und die mediale Berichterstattung in Print, Hörfunk und TV. Informieren Sie insbesondere auch über neue Werbekampagnen und stellen Sie intern entsprechende Vorlagen und Material zur Verfügung.

Neueste bzw. wichtigste Meldungen: _____

Neue Werbekampagnen: _____

Definieren Sie die Ziele der Unternehmenskommunikation im Vorfeld. Diese leiten sich aus den Unternehmenszielen ab. Häufig werden die Kommunikationsziele (zum Beispiel Abverkauf eines neuen Produkts stärken, Steigerung des Bekanntheitsgrads oder Imageverbesserung) nicht exakt festgelegt. Eine solche Zieldefinition ist jedoch wenig hilfreich. Achten Sie deshalb darauf, dass die Kommunikationsziele stets nach ihrer Bedeutung konkret, mit Zahlen in ihrer Entwicklung messbar und mit Terminen zur Zielerreichung realistisch festgelegt werden.

Nach der Zielfestlegung ist es Ihre Aufgabe, die Kommunikationsziele und -maßnahmen zur Zielerreichung in allen Abteilungen des Unternehmens bekannt zu machen.

Definieren Sie die Zielgruppen für Ihr Kommunikationskonzept detailliert:

- Welches sind Ihre Zielgruppen?
- Welche Charakteristika weisen sie auf und wodurch grenzen sie sich voneinander ab?
- Welche Medien nutzen Ihre Zielgruppen und welchen Medien vertrauen Ihre Zielgruppen besonders?
- Welches sind die bevorzugten Vertriebskanäle für diese Zielgruppen?
- Wie erfolgen die Kaufentscheidungen Ihrer Zielgruppen?

Ermitteln Sie für die Gestaltung des Kommunikationskonzepts, welche Formen der Kommunikation bislang von welchen Mitarbeitern eingesetzt wurden.

In der internen Kommunikation müssen Sie sich über das Intranet, Aushänge am Schwarzen Brett, regelmäßige und sporadische Rundschreiben der Geschäftsführung, monatliche Gehaltsbeileger und Mitarbeiterzeitschriften einen Überblick verschaffen. Auch ist festzustellen, wie die Erstellung und Verteilung der diversen internen Protokolle zurzeit geregelt ist und wer bislang in welcher Form interne Reden für die Geschäftsführung und Mitarbeiter geschrieben hat.

Gleiches gilt für die externe Kommunikation:

- die Homepage des Unternehmens,
- Kundenzeitschriften,
- Pressemeldungen und Pressemappen,
- die Reden für Hauptversammlungen etc.,
- die Vorbereitung von Pressekonferenzen und
- Telefonverhalten der Mitarbeiter (Telefonleitfaden)

bedürfen der Integration in das kommunikative Gesamtkonzept. Jedes Kommunikationsinstrument bietet Vor- und Nachteile für bestimmte Anwendungsfälle und bedarf des sachgerechten Einsatzes. Beachten Sie diese Charakteristika bei der Gestaltung des Kommunikationskonzepts.

4.2 Markenmanagement

Philip Kotler hat das Wesen einer Marke mit folgender Definition wohl am bestem erfasst: „Die Marke ist ein Name, Begriff, Symbol oder Design, um Waren und Dienstleistungen zu kennzeichnen und sich damit von der Konkurrenz abzugrenzen". In diesem Sinne nicht markierte Produkte, wie beispielsweise chemische Grundstoffe, stehen unter hohem Wettbewerbsdruck und sind leicht durch Produkte der Konkurrenz auszutauschen. Während ein anonymes Produkt von einem Konkurrenten leicht nachgeahmt und ersetzt werden kann, ist eine Marke hingegen stets einzigartig und hebt das damit verbundene Markenprodukt vom Wettbewerb ab.

Ein Markenprodukt in diesem Sinne entsteht aus der Markierung eines Produkts/einer Dienstleistung und der daraus entstehenden Wahrnehmung durch die Kunden. Durch gezielten Markenaufbau kann die eigene Position im Markt gestärkt werden. Mit einer erfolgreichen Differenzierung verbunden ist ein erweiterter Spielraum für Preisanhebungen. Aus diesen Gründen muss es Ihr Ziel als Marketingleiter sein, ein nachhaltig erfolgreiches Markenmanagement zu betreiben.

Dem Markenmanagement vorausgehend, müssen Sie als Marketingleiter zunächst einmal die bestehende Markenkonzeption überprüfen bzw. neu ausrichten.

Die Ausgangssituation hierfür unterscheidet sich zwischen B2C- und B2B-Märkten grundlegend. So sind als Besonderheiten von B2B-Märkten die kleinere Zielkundengruppe und der beschränkte Kundenkreis zum einen, zum anderen aber auch die überschaubaren Marketingbudgets, „rationalere" Kaufentscheidungen und die Buying-Center-Problematik zu nennen. Diese Besonderheiten sind beim Markenmanagement zu berücksichtigen.

Auch gilt es festzustellen, welche Bedeutung Marken heute bereits in dem relevanten Markt haben. So wurde beispielsweise die Markenrelevanz beim Kauf von Schaltanlagen, Dienstwagen und Telekommunikationsanlagen in einer Untersuchung von Meffert/

Schröder/Perrey aus dem Jahr 2002 als hoch eingestuft, während die Markenrelevanz beim Kauf von Chemikalien, Call-Center-Dienstleistungen und Alarmanlagen hingegen als niedrig bewertet wurde.

Die Möglichkeiten, mit konsequenter Markenpolitik Wettbewerbsvorteile herauszuarbeiten, steigen,

➤ je höher die Zahl der Anbieter im Markt ist,

➤ je unterschiedlicher die relevante Produkt- oder Dienstleistungsqualität zwischen verschiedenen Anbietern ist,

➤ je stärker die Wahrnehmung des Produkts oder der Dienstleistung beim Endkunden ist und

➤ je komplexer die Kaufentscheidungen sind und je mehr Personen daran beteiligt sind.

Marken stellen in solchen Situationen einen echten Nutzen für die Kunden dar, da sie

➤ Informationsdefizite beseitigen, Wiedererkennung und Orientierung bieten,

➤ eine konsistente Qualität versprechen und damit das Kaufrisiko reduzieren und

➤ einen ideellen Nutzen durch Reputationstransfer auf den Käufer ermöglichen.

Umso überraschender ist es, dass eine stringente Positionierung der Marken von vielen Unternehmen vernachlässigt wird. Markenpolitik findet oftmals nur unkoordiniert im Bereich der Werbung statt. Selten werden Produkte/Dienstleistungen bereits markenbezogen entwickelt. Besteht eine solche Situation auch in Ihrem Markt, kann Markenmanagement zu einem zentralen Erfolgsfaktor Ihres Unternehmens werden. Dazu sind keine großen Marketingbudgets erforderlich.

Die **Markenkonzeption** erfordert in der Regel die folgenden vier Schritte:

1. **Ist-Analyse:**
   Erhebung der Markenrelevanz, des Markeneinsatzes und geeigneter Markeninhalte unternehmensintern und -extern mit den Instrumenten der Marktforschung.

2. **Bestimmung/Neudefinition der Markeninhalte:**
   Welche Inhalte soll die Marke vermitteln? Was ist der Markenkern? Hierbei ist auch eine Abstimmung der Markeninhalte mit der Kommunikationsstrategie notwendig.

3. **Positionierung der Marke gegenüber den Wettbewerbsmarken:**
   Welche zusätzliche Fokussierung kann vorgenommen werden, um die Marke trennscharf gegenüber Wettbewerbsmarken abzugrenzen?

4. **Bestimmung der Markenwirkung durch konzeptionelle Gestaltung der Markenelemente:**
   Markenname, Logo, Schrifttype und -farbe sind im Rahmen des Corporate Designs festzulegen.

Ist das Markenkonzept neu definiert, ist es Aufgabe des Markenmanagements, für die zügige und einheitliche Umsetzung der Markenkonzeption im Rahmen eines integrierten Kommunikationskonzepts zu sorgen. Die Erfolge des Markenkonzepts sind regelmäßig zu ermitteln und nachzuhalten. Aus den Ergebnissen können sich Anregungen zur Entwicklung und Anpassung der Marke im Zeitverlauf ergeben. Dies erfolgt am besten im Rahmen eines Markenwertcontrollings, das die Bekanntheit der Marke und die mit der Marke assoziierten Inhalte in der Zielgruppe erfasst. Dies ist Grundlage für Soll/Ist-Analysen und Ausgangspunkt für die Weiterentwicklung der Markenkonzeption.

4.3 Dienstleisterauswahl und -steuerung

Die Auswahl externer Dienstleister ist keine vorwiegend an Kostenaspekten auszurichtende Make-or-buy-Entscheidung. Vielmehr geht es darum, externes Know-how für den eigenen Markterfolg zu nutzen. Im Vorfeld der Auswahl müssen Sie sich daher zunächst ein Bild über die Fähigkeiten, Ressourcen sowie die Stärken und Schwächen Ihrer Marketingabteilung verschaffen. Analysieren Sie die Aufgaben: Welche Aufgaben sollen sinnvollerweise intern, welche extern realisiert werden?

So wählen Sie Dienstleister aus

➤ Prüfen Sie, mit welchen Agenturen das Unternehmen heute zusammenarbeitet. Welches sind die Gründe für die Zusammenarbeit? Was läuft gut, was läuft schlecht? Können die bestehenden Dienstleister die ihnen zukommenden Aufgaben aus dem neuen integrierten Kommunikationskonzept umsetzen? Ist ein Austausch geboten? Halten Sie nicht an alten Geschäftsbeziehungen fest, wenn es wesentlich bessere Partner für die Umsetzung Ihres Kommunikationskonzepts gibt.

➤ Wählen Sie eine neue Werbeagentur stets sorgfältig und kritisch aus. Erfüllt eine Agentur mehrmals nicht Ihre Erwartungen, tauschen Sie diese aus. Verschwenden Sie Ihre Zeit und Ressourcen nicht mit Geschäftspartnern, die nicht zufriedenstellend zu Ihrem Markterfolg beitragen.

➤ Erstellen Sie für die Auswahl von Dienstleistern stets einen Kriterienkatalog, auf dem alle wichtigen Punkte zusammengefasst sind. Bewerten Sie die in Frage kommenden Agenturen anhand dieses nach eigenen Kriterien zusammengestellten Katalogs. Laden Sie nur jene Agenturen zu Präsentationsterminen ein, die Ihren zuvor schriftlich formulierten Vorstellungen entsprechen.

- Informieren Sie sich im Vorfeld der Agenturauswahl über die erfolgreichen Werbeagenturen für Ihre Branche. Insbesondere bei der Auswahl von PR-Agenturen ist es zudem hilfreich, die wichtigsten Fachjournalisten nach einer Empfehlung zu fragen. Auf diesem Weg erhalten Sie oftmals fundierte Empfehlungen zu Agenturen, die über ein weit geknüpftes Beziehungsnetz in Ihrer Branche verfügen.
- Starten Sie die Zusammenarbeit mit neuen Agenturen nicht mit Jahresverträgen, sondern mit klar definierten Aufgabenstellungen für einzelne Projekte. Sind Sie mit den Arbeitsergebnissen hierzu zufrieden, können Sie die Zusammenarbeit noch früh genug auf eine langfristige Basis stellen.
- Die räumliche Nähe zum Dienstleister ist nicht entscheidend. Qualität, Termintreue, Flexibilität und angemessene Preisangebote sind die wichtigeren Entscheidungsfaktoren.
- Schließen Sie Agenturverträge nur ab, wenn Sie sich Kapazitäten einer Agentur langfristig sichern wollen. Achten Sie beim Abschluss von Agenturverträgen auf asymmetrische Kündigungsfristen: Ihr Unternehmen sollte nach Möglichkeit eine kurzfristige Kündigungsfrist erhalten, die Agentur hingegen eine angemessene, längere Frist.
- Regeln Sie in diesen Verträgen insbesondere auch die Verwertungsrechte (Anzeigen, Bildmaterial, Gestaltungen etc.) eindeutig und zu Gunsten Ihres Unternehmens. Mit Agenturen, die in diesem Punkt nicht zu einer weitgehenden Übertragung ihrer Rechte an den Auftraggeber zu bewegen sind, sollten Sie nicht zusammenarbeiten.
- Beschreiben Sie die der Agentur übertragenen Aufgaben mittels einzelner Briefings schriftlich und möglichst genau. Inhalte des Briefings müssen neben der zu erbringenden Leistung der Budgetrahmen und der Zeitplan inklusive Meilensteine der Zielerreichung sein.

Sind mehrere Agenturen an einem Projekt beteiligt, bietet sich ein gemeinsames Kick-off-Meeting an, bei dem die Teilaufgaben, Kompetenzen, Ansprechpartner, Kommunikationswege und Termine untereinander im Gespräch abgestimmt werden. Auf diesem Weg wird ein optimaler Informationsaustausch gewährleistet, Informationslücken können durch Nachfragen gemeinsam geklärt werden. Je mehr Dritte an dem Projekt beteiligt sind, desto höher ist der Koordinationsaufwand. Bedenken Sie deshalb im Vorfeld, wie viele Dienstleister tatsächlich eingesetzt werden sollen. Die Koordination der Dienstleister muss zwingend in der Hand der auftraggebenden Marketingabteilung liegen und darf nicht den Dienstleistern untereinander überlassen werden. Bei längerfristigen Projekten sind regelmäßige, gemeinsame Meetings erforderlich, um den Projektstatus untereinander abzugleichen.

Der Status aller extern vergebenen Projekte sollte marketingintern jederzeit abrufbar sein. Hierzu bietet sich ein separates Ablagesystem an.

4.4 Public Relations

Öffentlichkeitsarbeit (Public Relations) ist ein kontengünstiger Weg, um relevante Zielgruppen zu informieren. Grundsätzlich sollten Sie für Ihre Pressearbeit aus der Kommunikationsstrategie abgeleitete Ziele formulieren. Dazu ist es notwendig, dass Sie einen geeigneten Zeitraum wählen, in dem diese Ziele erreicht werden sollen (sechs bis zwölf Monate). Definieren Sie Kriterien, anhand derer sich die Zielerreichung gut messen lässt, und überprüfen Sie die Zielerreichung in regelmäßigen Abständen.

Unverzichtbar ist, dass Sie engen Kontakt zu den Geschäftsführern Ihres Unternehmens halten. Dies gilt insbesondere auch für Kommunikationsthemen. Stimmen Sie Ziele, Kommunikationsplan, Pressetermine, aktuelle Themen und kritische Gesprächsinhalte intensiv ab. Einigen Sie sich mit der Geschäftsführung auf einen eigenen Spielraum, den Sie für Ihre Arbeit uneingeschränkt benötigen. Nicht bei allen kritischen Presseanfragen ist eine Abstimmung mit der Geschäftsführung im Vorfeld möglich. Wo dies jedoch geboten ist, scheuen Sie nicht davor zurück, die Antwort auf eine Anfrage zunächst zu vertagen. Die Beantwortung kann nach hausinterner Abstimmung immer noch erfolgen.

Entwickeln Sie unter Berücksichtigung der definierten Ziele der Öffentlichkeitsarbeit einen Kommunikationsplan. Legen Sie anhand Ihrer Kommunikationsziele fest, welche Maßnahmen zu ergreifen, welche Inhalte in den nächsten Monaten zu kommunizieren sind. Planen Sie diese mit Terminen fest ein und bereiten Sie diese gründlich vor. Bringen Sie Ihre aus den Kommunikationszielen abgeleitete zentrale Botschaft in die Presseveröffentlichungen ein. Gleichen Sie Ihre Planung auch mit Branchenthemen, wichtigen Ereignissen bei Ihren Kunden, aber auch den Sonderbeilagen von Branchenzeitschriften etc. ab. Hilfreich ist ein konsequentes Themenmanagement, mit dem Sie in Ihrer Branche eine Pulsgeber-Funktion erreichen können.

Grundlage einer erfolgreichen Pressearbeit ist eine umfassende Zielgruppenanalyse und -bestimmung. Verschaffen Sie sich Informationen über die Mediennutzung Ihrer Zielgruppe und machen Sie diese zur Grundlage Ihrer Pressearbeit. Besorgen Sie sich auch die Kontaktadressen der für Ihre Pressearbeit relevanten Journalisten. Mittels Presseinformationsdiensten können Sie die aktuellen Kontaktdaten von Journalisten branchen- und themenspezifisch recherchieren. Hierzu können Sie beispielsweise www.zimpel.de nutzen. Halten Sie den Presseverteiler aktuell.

Selbstverständlich benötigen Sie auch die Mediadaten der für Ihr Unternehmen relevanten Medien, insbesondere auch den Themenplan für Sonderbeilagen. Die Mediadaten enthalten auch Angaben zur Struktur der Mediennutzer und Basisdaten zur Auflage etc., die Sie für Ihre Erfolgskontrolle nutzen können.

Einige PR-Grundsätze, die Sie beachten sollten

Geben Sie die Richtlinie aus, dass nur die Geschäftsführung und der Pressesprecher/Marketingleiter mit Journalisten Informationen austauschen. Jegliche Presseanfrage ist ohne Zeitverzug an Sie weiterzuleiten.

Sie sollten aber auch daran denken, unabhängig vom Kontaktpartner für Pressevertreter die Persönlichkeiten eines Unternehmens zu bestimmen, die in der Öffentlichkeitsarbeit eine Rolle spielen sollen. Neben der Geschäftsführung können durchaus auch der Vertriebsleiter, der Marketingleiter oder der Gefahrgutbeauftragte vorgesehen sein, um bestimmte Themen öffentlichkeitswirksam für das Unternehmen zu besetzen. Stimmen Sie diese Festlegung vorab mit der Geschäftsführung im Detail ab.

Grundsätzlich ist es wichtig, dass Sie eine Win-Win-Situation zwischen den Pressevertretern und Ihrem Unternehmen schaffen. Fachredakteure kennen Ihr Markt- und Wettbewerbsumfeld. Häufig erhalten Sie Branchenneuigkeiten als Erste im Vorfeld des Erscheinens von Artikeln. Nutzen Sie Pressevertreter als gleichberechtigte, kritische Gesprächspartner. Fragen Sie regelmäßig nach deren Einschätzung von Marktentwicklungen und aktuellen Themen.

Make friends before you need them: Gewinnen Sie Meinungsbildner im Vorfeld für sich. Bauen Sie rechtzeitig ein Beziehungsnetzwerk auf und führen Sie Hintergrundgespräche. Geben Sie Meinungsbildnern zusätzliche Informationen an die Hand.

Seien Sie seriös, offen und kompetent. Bleiben Sie bei der Wahrheit und sagen Sie, wenn Sie zu bestimmten Themen nichts kommunizieren können. Nehmen Sie Journalisten als Gesprächspartner ernst. Glaubwürdigkeit ist die Basis Ihrer Öffentlichkeitsarbeit. Versprechen Sie nichts, was Sie nicht auch halten können. Halten Sie Termine, beispielsweise einen Redaktionsschluss, ein. Falls Termine zu knapp gesetzt sind, fragen Sie bei dem zuständigen Redakteur eine Verlängerung der Frist im Vorfeld an.

Halten Sie die im Tagesgeschäft oftmals spontan benötigten Basisunterlagen stets aktuell. Hierzu zählen das Kurzprofil Ihres Unternehmens, die wesentlichen Zahlen zu Ihrem Unternehmen auf einen Blick, Lebensläufe der Geschäftsführer, Fotos des Unternehmens, der Geschäftsführer und leitender Mitarbeiter sowie der Produkte und die Pressemappe. Hilfreich ist auch die Einrichtung eines Pressearchivs auf der Homepage, in dem alle veröffentlichten Pressemeldungen jederzeit online abrufbar sind.

Erleichtern Sie Pressevertretern die Arbeit, indem Sie für gut aufbereitete Informationen sorgen. Der Bereich „Presse" auf Ihrer Hompage sollte unter anderem enthalten: ein Archiv der bisher versandten Pressemeldungen, Downloads für die Presse (Logo, Fotos der Geschäftsführer etc.), die Möglichkeit, sich für Ihren Presseverteiler an-/um-/abzumelden und eine kurze Zusammenfassung mit den wesentlichsten Fakten zu Ihrem Unternehmen.

Aktuelle Pressemeldungen sollten stets auch auf der ersten Seite Ihres Internetauftritts zumindest mit Überschrift und Kurztext veröffentlicht werden. Durch Anklicken sollte die vollständige Pressemeldung abrufbar sein.

Veröffentlichen Sie Ihre PR-Meldung zum richtigen Zeitpunkt. Kommunizieren Sie beispielsweise die notwendige Internationalisierung Ihres Unternehmens mit einhergehender Stellenverlagerung in das Ausland nicht kurz nach der Veröffentlichung der offiziellen Arbeitslosenzahlen in Ihrem Heimatland. Richtiges Timing bedeutet auch, dass Sie Pressemeldungen auch in Abhängigkeit von den Ferienplänen einzelner Bundesländer und rechtzeitig im Vorfeld von Branchenmessen veröffentlichen.

Sorgen Sie für eine mediengerechte Aufbereitung der Inhalte. Für Presseberichte im Hörfunk benötigen Sie Gesprächsbeiträge und Tonmaterial (zum Beispiel das Motorengeräusch des zu vermarktenden neuen Automobils), während Print-Titel oder TV andere Anforderungen an die Pressearbeit stellen. Indem Sie Redakteuren Informationen „mundgerecht" servieren, erhöhen Sie die Chance auf Veröffentlichung deutlich. Bedenken Sie, dass 70 Prozent aller Inhalte in Fachzeitschriften auf oftmals nur leicht abgewandelten Pressemeldungen der Unternehmen basieren. In der Regel wurden nur die restlichen 30 Prozent der Artikel durch Journalisten selbst recherchiert.

Um in der allgemeinen Informationsflut wahrgenommen zu werden, müssen Sie sich mit informativen Inhalten und handwerklicher Professionalität differenzieren. Beherzigen Sie deshalb die Grundregeln des Textens von Pressemeldungen hinsichtlich Form und Inhalt.

Inhaltlich muss eine Meldung etwas relevant Neues beinhalten und die Kernfragen bezüglich Wer, Was, Wie, Wo, Wann und Warum beantworten. Bereits mit der Überschrift muss die Kernbotschaft den Lesern in wenigen Sekunden einfach, verständlich und einprägsam auf den Punkt gebracht vermittelt werden. Formulieren Sie daher klar verständliche, kurze Sätze. Streichen Sie jegliches Blabla und konkretisieren Sie, was Sie zum Beispiel mit der Verwendung des Wortes „sicher" genau meinen. Ihre Sprache sollte sachlich, die Formulierungen logisch aufgebaut und prägnant sein. Allgemeinplätze und Wertungen gehören nicht in eine Pressemeldung.

Achten Sie bezüglich der Form auf eine sofort erkennbare Überschrift, die Angabe von Ort und Datum des Versands der Pressemeldung, eine Kurzzusammenfassung zum Unternehmen nach dem eigentlichen Text und – für Rückfragen – am Ende des Dokuments auf die Angabe der Kontaktdaten des Pressesprechers/Marketingleiters des Unternehmens. Möchten Sie der Meldung eine Sperrfrist verleihen, geben Sie diese bereits unter der Überschrift an. Bieten Sie zu jeder Pressemeldung möglichst auch Bildmaterial an (nicht als Anhang mit der Pressemeldung versenden, sondern als Link innerhalb der Pressemeldung zum Download von Bildmaterial angeben).

Zeigen Sie bei negativen Neuigkeiten die Alternativen zur Problembewältigung auf. Zeigen Sie auch, dass Ihr Unternehmen sich die Entscheidung nicht leicht gemacht hat. Begründen Sie positiv, warum Sie sich dennoch für den gewählten Weg entschieden haben.

Sorgen Sie auch in Krisenzeiten dafür, dass der Kommunikationsfaden nicht abreißt. Vermeiden Sie Zeitstrecken, in denen Sie nicht kommunizieren. So vermeiden Sie Gerüchte und Irritationen bei Ihren Zielgruppen und stärken das Vertrauen und die Glaubwürdigkeit in das Unternehmen.

In Chemieunternehmen existieren detaillierte Maßnahmenpläne für Störfälle. Ein Krisenfahrplan wird jedoch nicht nur für die Produktion benötigt, sondern auch für die Öffentlichkeitsarbeit und die interne Kommunikation. Bewerten Sie, ob Ihr Unternehmen gefährdet ist. Falls dies zutrifft, treffen Sie Vorsorge: Entwickeln Sie bereits im Vorfeld einen detaillierten Krisenfahrplan für die interne und externe Kommunikation des Unternehmens im Ernstfall.

Bereiten Sie Pressegespräche so früh wie möglich und sorgfältig vor. Sorgen Sie für eine abgestimmte Sprachregelung zu grundlegenden und aktuellen Themen. Das Führen einer Liste mit den wichtigsten Fragen und Antworten erleichtert die Vorbereitung auf Pressegespräche.

Oftmals unzureichend beachtet wird das Thema Frequenz. Die Kommunikationsziele der Öffentlichkeitsarbeit lassen sich insbesondere auch durch die Häufigkeit von Veröffentlichungen zu Ihrem Unternehmen erreichen. Sorgen Sie daher für regelmäßige Pressemeldungen. Als Faustformel ist eine Frequenz von zwei Pressemeldungen pro Monat empfehlenswert. Dieser Wert kann allerdings abhängig vom Markt, der Unternehmensgröße etc. variieren.

Ebenfalls missachtet wird häufig das Thema Qualität. Die oben genannte Frequenzfestlegung heißt nicht, dass Sie selbst Kleinigkeiten über Pressemeldungen kommunizieren sollten. Die Redaktion einer deutschen Tageszeitung erhält pro Werktag durchschnittlich 5 000 Einzelinformationen. Über den Nachrichtendienst dpa gehen zudem täglich 3 500 Nachrichten ein. Andere Medien werden ebenfalls mit Informationen überflutet. Deshalb melden Sie nicht Unwichtiges. Überschütten Sie die Pressevertreter auf keinen Fall mit uninteressanten Informationen. Das erzeugt sofort eine Abwehrhaltung und erschwert die Zusammenarbeit.

Sammeln Sie alle Pressepublikationen zu Ihrem Unternehmen konsequent und informieren Sie hierüber regelmäßig intern. Bewährt haben sich tägliche bzw. monatliche Pressespiegel, in denen die Veröffentlichungen zusammengestellt werden. Diese Aufgabe können Sie auch extern an Ausschnittsdienste vergeben. Die Sammlung veröffentlichter Meldungen dient der internen Information und zugleich Ihrer eigenen Erfolgsmessung. Übrigens: Ausschnittsdienste lassen sich durch die Vorgabe von entsprechenden Suchbegriffen auch sehr gut für die Markt- und Wettbewerbsbeobachtung nutzen. Oftmals bieten Fachzeitschriften auch den Sonderdruck von Fallstudien zu günstigen Konditionen an. Sonderdrucke eignen sich gut zur Ergänzung Ihrer Pressemappen.

Nutzen Sie die guten Ergebnisse Ihrer Pressearbeit auch für Ihre Werbung. Weisen Sie auf Ihrer Homepage auf Fachartikel über Ihr Unternehmen hin. Veröffentlichen Sie dort unter Beachtung des Urheberrechts beispielsweise wichtige Sonderdrucke. Stellen

Sie für Werbemailings und die interne PR-Arbeit griffige Zitate aus Presseartikeln zu Produktbewertungen etc. zur Verfügung.
Verknüpfen Sie die Öffentlichkeitsarbeit jedoch nicht mit Anzeigenschaltungen. Alle seriösen Medien haben von der Redaktion getrennte Anzeigenverkaufsabteilungen eingerichtet. Betrachten Sie diese beiden Themen als strikt getrennt, selbst wenn Anzeigenverkäufer Ihnen etwas anderes vorgaukeln möchten. Ihre Öffentlichkeitsarbeit wird erfolgreich sein, wenn Sie geeignete Themen richtig aufgearbeitet kommunizieren. Ihre Werbung wird optimale Ergebnisse bringen, wenn Sie sich dabei ebenfalls ausschließlich an den relevanten Erfolgskriterien orientieren. Eine Verknüpfung dieser beiden Themen führt langfristig zu sinkender Effizienz der Werbung, höheren Werbeausgaben und einer qualitativ schlechteren Öffentlichkeitsarbeit.

Kontrollieren Sie den Erfolg der Pressearbeit konsequent gemäss der zuvor festgelegten Kommunikationsziele. Hierfür sind quantitative und qualitative Messkriterien einzusetzen. Ein Beispiel für quantitative Messkriterien: Halten Sie die Anzahl der Veröffentlichungen einer Pressemeldung in den Medien nach. Multiplizieren Sie jede veröffentlichte Meldung mit der in den Mediaunterlagen angegebenen Druckauflage. Summieren Sie die Druckauflage über alle Medien auf. Beobachten Sie die Entwicklung dieses Wertes pro Pressemeldung und auf Monatsbasis.

Ein Beispiel für ein qualitative Messkriterium: die gezielte Verbesserung des Unternehmensimages in eine bestimmte Richtung. Zur Ermittlung der Zielerreichung bietet sich eine Zielgruppenbefragung an.

Nutzen Sie die vielseitigen Möglichkeiten der PR-Arbeit

Themen für die Öffentlichkeitsarbeit entstehen vor allem im Unternehmen selbst. Eine Vielzahl von PR-Themen kann ohne Zeitdruck intern vorbereitet werden. Dazu zählen insbesondere Themen wie Neueinstellungen/Personalia, Produktänderungen/ -verbesserungen, Produktneueinführung, Messeteilnahmen, Hintergrundberichte zu erfolgreichen Kundenprojekten, eigene Antworten auf geänderte rechtliche Rahmenbedingungen (zum Beispiel welche Konsequenzen zieht ein Bauunternehmen aus einem veränderten Baurecht), kundenorientierte Serviceverbesserungen, Abschluss strategischer Partnerschaften und von bedeutenden Einkaufsverträgen, Kundenevents, Sponsoringengagements und Spenden, neue Online-Services auf der Homepage, Änderungen der Unternehmensausrichtung/-strategie, Kommunikation der Unternehmensziele, grundlegende Veränderungen des Produktionskonzepts etc.

Nutzen Sie das gesamte Spektrum an PR-Instrumenten. Diese sind im Bereich der externen Kommunikation:

- Pressemeldungen
- Interviews mit Unternehmensvertretern
- Hintergrundinterviews zu Branchenthemen für übergreifende Fachartikel
- Pressekonferenzen, zum Beispiel zu aktuellen Themen oder zum Jahresabschluss
- persönliche Anschreiben an Journalisten
- Pressemappen
- Pressebereich auf der Homepage
- Fallstudien und Berichte über den erfolgreichen Einsatz Ihrer Produkte in der täglichen Praxis Ihrer Kunden
- Vorträge und die Teilnahme an Podiumsdiskussionen
- Pressekonferenzen, zum Beispiel zu Produktneueinführungen, der Bekanntgabe des Jahresabschlusses etc.
- Besichtigungstermine vor Ort mit Pressevertretern

Checkliste:
Public Relations

➤ Welches sind die inhaltlichen Ziele Ihrer Öffentlichkeitsarbeit?

Ihre Antwort: _____

_____

➤ Mit welchen Maßnahmen planen Sie diese Ziele in den nächsten Monaten zu erreichen?

Ihre Antwort: _____

_____

➤ Mit welchen Instrumenten messen Sie den Erfolg Ihrer Pressearbeit?

Ihre Antwort: _____

_____

➤ Wer repräsentiert Ihr Unternehmen als maßgeblicher Ansprechpartner gegenüber der Öffentllichkeit?

Ihre Antwort: _____

_____

➤ Wie wird die fachliche und handwerkliche Qualität Ihrer Pressemeldungen sichergestellt?

Ihre Antwort: _____

_____

➤ Wie lässt sich die unternehmensinterne Abstimmung der Texte und Aussagen gegenüber der Presse verbessern?

Ihre Antwort: _____

_____

➤ Wie können Sie die Frequenz Ihrer Pressemeldungen ohne Qualitätsverlust auf eine Meldung alle 14 Tage steigern?

Ihre Antwort: _____

Fortsetzung Checkliste: Public Relations

➤ Wie lässt sich Ihr Kommunikationsmaterial mediengerecht aufbereiten (Printmedien, Hörfunk, TV, Internet)?

Ihre Antwort: _____

_____

➤ Wie können Sie eine Win-Win-Situation mit Pressevertretern schaffen?

Ihre Antwort: _____

_____

➤ Wie können Sie sich auf Krisenfälle (Produktionsstörung, Streik etc.) im Rahmen der Öffentlichkeitsarbeit vorbereiten?

Ihre Antwort: _____

_____

➤ Wie können Sie die Ergebnisse Ihrer Pressearbeit unternehmensintern besser „verkaufen"?

Ihre Antwort: _____

_____

5. Der Beitrag des Marketings zum Geschäftserfolg

Die operative Beherrschung des breit gefächerten Marketing-Instrumentariums, vom Direktmarketing bis zu den Methoden des Produktmanagements, ist eine gute Voraussetzung, um langfristig als Marketingleiter erfolgreich zu sein.

Allerdings werden Sie im Laufe Ihrer Tätigkeit zunehmend mit strategischen Aufgaben betraut werden. Denn das Marketing ist im Grundsatz eine strategische Disziplin. Keine andere Abteilung eignet sich in der Regel besser für die Entwicklung und Konzeption von Strategien für die zukünftige Unternehmensausrichtung. Deshalb ist die Marketingabteilung als essenzieller Bestandteil in den Prozess der Strategiefindung einzubinden.

Dem gilt es gerecht zu werden: Als Marketingleiter müssen Sie mit den aus der Marktbeobachtung und der Nachfrageranalyse gewonnenen Erkenntnissen die richtigen Schlussfolgerungen für die Veränderung Ihres Produkt- und Dienstleistungsportfolios ziehen. Ihr mittelfristiges Ziel muss es sein, die Marketingabteilung in diesen Innovations- und Veränderungsprozess aktiv mit einzubringen. Dies bedeutet vor allem, die Zukunftsthemen für das Unternehmen rechtzeitig zu besetzen, hierfür Lösungen zu finden und diese unternehmensintern durchzusetzen. Dies wird Ihnen jedoch nur mit der Unterstützung der Geschäftsführung und der engen Zusammenarbeit mit dem Vertrieb gelingen.

Nützliche Marketing-Links im Internet

Internetadressen der wichtigsten Marketingverbände:

www.marketingverband.de

www.dprg.de

www.bdzv.de

www.bvdw.org

www.werberat.de

www.eco.de

www.gwa.de

www.gww.de

www.ddv.de

www.auma.de

Nützliche Links für die tägliche Praxis:

www.paperball.de

www.getthereport.com

www.marketing.de

www.marketingforum.de

www.online-marketing-praxis.de

www.competence-site.de/marketing

Internetadressen der wichtigsten Marketingpublikationen:

www.absatzwirtschaft.de

www.acquisa.de

www.horizont.de

www.im-marketing-forum.de

www.cybiz.de

www.ibusiness.de

www.mailorderportal.de

www.callcenterprofi.de

www.teletalk.de

www.wuv.de

Internetadressen der deutschen Marketinglehrstühle:

Die Internet-Links zu 97 Marketinglehrstühlen an deutschsprachigen Universitäten finden Sie übersichtlich dargestellt unter:

www.marketing.wiso.uni-erlangen.de/de/infothek/lehrstuehle.html

Literaturverzeichnis

Aumayer, Klaus J.: *Erfolgreiches Produktmanagement*, Wiesbaden 2006.

Aventis S. A. (Hrsg.): *Taschenbuch Wirtschaftspresse*, Seefeld 2002.

Benkenstein, Martin: *Strategisches Marketing*, Stuttgart 1997.

Bruns, Jürgen: *Direktmarketing*, Ludwigshafen 1998.

Brückner, Michael: *Werbebriefe in Textbausteinen*, Wien 1999.

Buchholz, Andreas; Wördemann, Wolfram: *Was Siegermarken anders machen*, München 1998.

Crainer, Stuart: *Die 75 besten Managemententscheidungen aller Zeiten*, Frankfurt a. M. 2000.

Ewald, Christina: *Direktmarketing, so geht's*, Planegg 1999.

Falkenberg, Viola: *Briefe, Faxe, E-Mails*, Planegg 2003.

Fischer, Peter: *Neu auf dem Chefsessel*, 4. Auflage, Landsberg/Lech 1998.

Förster, Anja; Kreuz, Peter: *Marketing-Trends*, 2. Auflage, Wiesbaden 2006.

Frenzel, Ralph: *Das erste Mal Chef*, Planegg 2000.

Fuchs, Angelika; Westerwelle, Axel: *Das telefonische Job-Interview*, Niedernhausen 2000.

Gabler Marketingbegriffe von A-Z, Wiesbaden 1999.

Geffken, Michael: *Das große Handbuch Werbung*, Landsberg/Lech 1999.

Godefroid, Peter: *Business-to-Business-Marketing*, 2. Auflage, Ludwigshafen 2000.

Goldmann, Martin; Hoffacker, Gabriele: *Pressearbeit und PR*, München 1996.

Gottschling, Stefan: *Stark texten, mehr verkaufen*, 2. Auflage, Wiesbaden 2006.

Greff, Günter: *Das 1x1 des Telefonmarketing*, Wiesbaden 1997.

Grimm, Sebastian: *Marketing für High-Tech-Unternehmen*, Wiesbaden 2004.

Hindle, Tim: *Die 100 wichtigsten Managementkonzepte*, München 2001.

Huth, Rupert; Pflaum, Dieter: *Einführung in die Werbelehre*, 6. Auflage, Stuttgart 1996.

Jung, Holger; von Matt, Jean-Remy: *Momentum*, Berlin 2002.

Kastin, Klaus S.: *Marktforschung mit einfachen Mitteln*, München 1999.

Kerger, Peter: *Werben mit Konzept Teil I*, 2. Auflage, Offenbach 1998.

Kerger, Peter: *Werben mit Konzept Teil II*, 2. Auflage, Offenbach 1998.

Kerger, Peter: *Werben mit Konzept Teil III*, Offenbach 1998.

Kießling-Sonntag, Jochem: *Zielvereinbarungsgespräche*, Berlin 2002.

Koch, Manfred; Overath, Angelika: *Die Kunst des Einfachen*, Freiburg im Breisgau 2000.

Kroeber-Riel, Werner; Esch, Franz Rudolf: *Strategie und Technik der Werbung*, 5. Auflage, Berlin 2000.

Kreutz, Bernd: *„Also ich glaube, Strom ist gelb"*, Ostfildern-Ruit 2000.

Krüger, Wolfgang: *Teams führen*, 2. Auflage, Planegg 2002.

Malik, Fredmund: *Führen, Leisten, Leben*, 8. Auflage, Stuttgart 2000.

Meffert, Heribert; Bolz, Joachim: *Internationales Marketing*, 3. Auflage Stuttgart 1998.

Meffert, Werner: *Werbung, die sich auszahlt*, Reinbeck 1990.

Nagle, T. T.; Holden, R. K.; Larsen, G. M.: *Pricing*, Berlin 1998.

Niermeyer, Rainer; Seyffert, Manuel: *Motivation*, Freiburg 2002.

Ogily, David: *Geständnisse eines Werbemannes*, München 1991.